La investigación genealógica genética (IGG) es una herramienta de identificación forense que permite, mediante el uso de la búsqueda familiar de largo alcance, resolver crímenes o identificar cadáveres una vez apurada la metodología tradicional mediante la base de datos CODIS. Esta técnica se divide en tres etapas en las que se requiere del análisis de STR y de los datos SNP.

El uso del genotipado de alta densidad de SNP para la estimación de la longitud de segmentos genómicos compartidos (expresada en cM), permite realizar búsquedas en bases de datos civiles, como GEDmatch, FTDNA y DNA-Solves, para construir árboles genealógicos con parientes de lejano grado de parentesco y abarcar un rango mayor de posibles sospechosos.

Los datos obtenidos de las bases de datos genealógicas, junto con el estudio de ADN no autosómico, de la zona geográfica, edad, sexo... y la utilización de la imputación genética permiten predecir y acotar los resultados. Así, la investigación finalizará con el establecimiento de un principal sospechoso y la comparación de su perfil genético con aquel hallado en la escena del crimen.

No obstante, el impacto denota la necesidad de una regulación específica en consecuencia con los derechos a la intimidad y seguridad ciudadana.

AF743761

LA GENEALOGÍA FORENSE COMO HERRAMIENTA EMERGENTE DE INVESTIGACIÓN CRIMINAL EN ESPAÑA

Estudios de Criminología y Política Criminal
Alfonso Serrano Maíllo, editor.

CONSEJO EDITORIAL
German Aller, Universidad de la República, Montevideo.
Christopher Birkbeck, Universidad de Salford.
José Luis Guzmán Dalbora, Universidad de Valparaíso.
Marianne Junger, Universidad de Twente.
Helmut Kury, Universidad Albert-Ludwig, Friburgo de Brisgovia.

BEATRIZ RODRÍGUEZ ARCAS

LA GENEALOGÍA FORENSE COMO HERRAMIENTA EMERGENTE DE INVESTIGACIÓN CRIMINAL EN ESPAÑA

Universidad Camilo José Cela

Dykinson, S. L.

No está permitida la reproducción total o parcial de este libro, ni su incorporación a un sistema informático, ni su transmisión en cualquier forma o por cualquier medio, sea este electrónico, mecánico, por fotocopia, por grabación u otros métodos, sin el permiso previo y por escrito del editor. La infracción de los derechos mencionados puede ser constitutiva de delito contra la propiedad intelectual (art. 270 y siguientes del Código Penal).
Diríjase a Cedro (Centro Español de Derechos Reprográficos) si necesita fotocopiar o escanear algún fragmento de esta obra. Puede contactar con Cedro a través de la web www.conlicencia.com o por teléfono en el 917021970/932720407.

El presente estudio es parte del proyecto de investigación AIDIA-TEC financiado con fondos de la VIII Convocatoria de Investigación de la Universidad Camilo José Cela.
Beatriz Rodríguez Arcas forma parte del grupo de Investigación de la Universidad Camilo José Cela, denominado Tec-Sec (Com.2018.08).

Este libro ha sido sometido a evaluación por parte de nuestro Consejo Editorial
Para mayor información, véase www.dykinson.com/quienes_somos

© Copyright by
Beatriz Rodríguez Arcas
Madrid, 2022

Editorial DYKINSON, S.L. Meléndez Valdés, 61 - 28015 Madrid
Teléfono (+34) 91 544 28 46 - (+34) 91 544 28 69
e-mail: info@dykinson.com
http://www.dykinson.es
http://www.dykinson.com

ISBN: 978-84-1122-570-0
Depósito Legal: M-23089-2022

Maquetación:
german.balaguer@gmail.com

ÍNDICE

AGRADECIMIENTOS 9

PRÓLOGO 11

ACRÓNIMOS 13

CAPÍTULO I. INTRODUCCIÓN 15

1.1. FORMULACIÓN DEL OBJETO DE ESTUDIO 15
1.2. JUSTIFICACIÓN DEL OBJETO DE ESTUDIO 16
1.3. DISEÑO DE INVESTIGACIÓN 17
1.3.1. Preguntas de investigación 17
1.3.2. Objetivos 18
1.3.3. Metodología 18

CAPÍTULO II. DELIMITACIÓN CONCEPTUAL DE LA GENEALOGÍA FORENSE 29

2.1. ADN COMO HERRAMIENTA GENÉTICA 29
2.2. BASES DE DATOS GENÉTICAS ACTUALES 31
2.2.1. Bases de datos civiles 32
2.1.2. Bases de datos del gobierno 32
2.3. ALTERNATIVA A LAS BASES DE DATOS ACTUALES. USO DEL GENOTIPADO DE ALTA DENSIDAD SNP 34
2.4. FUNDAMENTO GENÉTICO DE LAS BASES DE DATOS GENEALÓGICAS 39
2.5. CONJUNTOS DE DATOS ACEPTADOS POR LAS BASES GENEALÓGICAS FORENSES 42

CAPÍTULO III. MARCO NORMATIVO 45

3.1. ÁMBITO INTERNACIONAL 45
3.2. ÁMBITO NACIONAL 47

CAPÍTULO IV. USO DE LA GENEALOGÍA FORENSE COMO HERRAMIENTA DE BÚSQUEDA CRIMINAL 51

4.1. LA INVESTIGACIÓN GENÉTICA GENEALÓGICA (IGG). 51
4.2. ETAPAS Y METODOLOGÍA DEL PROCESO DE LA IGG 53
4.3. EMPLEO DE LA IGG EN MEZCLAS DE ADN 59
4.4. LIMITACIONES EN LA INFERENCIA DEL PARENTESCO 60
4.5. REGULACIÓN DEL USO DE LA INVESTIGACIÓN GENEALÓGICA GENÉTICA 61
4.6. INTERCAMBIO DE INFORMACIÓN GENÉTICA OBTENIDA A NIVEL INTERNACIONAL 63

CAPÍTULO V. APLICACIONES DE LA GENEALOGÍA FORENSE 65

5.1. CASUÍSTICA CRIMINAL 66

CAPÍTULO VI. IMPACTO DE LA INVESTIGACIÓN GENEALÓGICA GENÉTICA 73

6.1. IMPACTO SOBRE LOS INVESTIGADORES 73
6.2. IMPACTO SOBRE LOS GENEALOGISTAS 74
6.3. ESTUDIOS REALIZADOS EN LA POBLACIÓN 75

CAPÍTULO VII. RESULTADOS 77

CAPÍTULO VIII. CONCLUSIONES 87

CAPÍTULO IX. REFLEXIONES Y FUTURAS LÍNEAS DE INVESTIGACIÓN 91

REFERENCIAS 95

AGRADECIMIENTOS

Quisiera destacar a todos aquellos que han hecho posible la realización del presente estudio por su tiempo y apoyo en todo el proceso.

Agradezco a mi familia el ánimo y el interés reflejado durante los meses dedicados a investigar y alcanzar el resultado obtenido.

A la Universidad Camilo José Cela (UCJC), por la oportunidad y el ejemplo dado en cada uno de los pasos a seguir, brindándome una formación en el ámbito profesional y personal, así como, los medios para la obtención de información requerida para una elaboración de calidad. Formar parte del grupo de Investigación de esta Universidad (Tec-Sec) me enorgullece y me permite afianzar el camino que quiero recorrer profesionalmente.

Asimismo, agradezco a la Doctora Elvira del Carmen Cabrera Rodríguez tanto por el seguimiento realizado, como por el tiempo invertido en aconsejarme y guiarme en la utilización de una metodología adecuada y apta que me permitiese alcanzar los objetivos planteados.

A mi orientador Don Eusebio López Reyes, un experto en el ámbito de estudio del actual monográfico, que ha enriquecido mi investigación con aportaciones y consejos hacia la perspectiva más profesional.

A su vez, agradezco a los Doctores Carmen Jordá Sanz y Heriberto Janosch González, ambos profesores e investigadores de la UCJC, por ayudarme y encaminarme en la publicación de este trabajo.

Finalmente, me gustaría agradecer a todos aquellos profesores y compañeros quienes, durante mi formación, me han enseñado la teoría que hoy soy capaz de plasmar en mis estudios y los valores que me permiten progresar hacia un futuro más próspero.

PRÓLOGO

La genética forense se ha convertido en una de las herramientas de investigación criminalística que mayor evolución ha experimentado en los últimos años. Los continuos avances en los estudios de las diferentes regiones de la cadena de ADN, han permitido dar continuidad a investigaciones vinculadas con delitos graves, que hasta hace unos pocos años se encontraban estancadas e impedían la identificación de sus autores.

El desarrollo a finales del siglo XX de las bases de datos genéticas criminales, aumentó de forma exponencial el poder de identificación de esta valiosa herramienta y permitió esclarecer infinidad de hechos delictivos incluso fuera de las propias fronteras, al establecerse tratados para el intercambio de perfiles genéticos forenses a nivel internacional.

Pero no todos los delincuentes tienen una muestra indubitada almacenada en las bases de datos criminales, lo que supone llevar a los investigadores en determinados delitos de gravedad, a callejones sin salida. La continua información a la que se puede acceder a través de internet, las series televisivas y películas relativas a investigaciones criminalísticas, permite agudizar el ingenio y las medidas de seguridad de los "malos" de la película, que obliga a las instituciones policiales y judiciales a reinventarse, y a los especialistas en genética forense a buscar otras alternativas que permitan conseguir identificar a los propietarios de los perfiles genéticos involucrados en diferentes delitos.

En los últimos años, como alternativa a delitos de gravedad y de importante repercusión social, surge la genealogía forense, herramienta que permite combinar la tecnología de los análisis de ADN forense con nuevas búsquedas genéticas en bases de datos no criminalísticas y en las que se almacenan perfiles genéticos correspondientes a personas que intentan encontrar relaciones familiares con parientes a los que no conocen. Las regiones estudiadas y almacenadas en estas bases de datos civiles son de cientos de miles, lo que permite contar con múltiples regiones para comparar y buscar estas relaciones, que pueden ayudar de forma capital a la vinculación de familiares relacionados con los autores de hechos delictivos que la policía no ha conseguido identificar con los medios tradicionales de prueba.

Pero esta importante herramienta no está exenta de problemas, puesto que el acceso a bases de datos civiles supone una importante injerencia en la privacidad de las personas. Esto supone la necesidad de regular desde un marco normativo, social y científico, la justificación de que el sacrifico de los derechos e intereses afectados con este tipo de búsquedas, no sea superior al beneficio que de su adopción resulte para el interés público y de terceros involucrados.

Por Eusebio López Reyes

[a] *Ministerio del Interior - Secretaría de Estado de Seguridad - Subdirección General de Sistemas de Información y Comunicaciones para la Seguridad - Administración Nacional de la Base de Datos de ADN - España*

ACRÓNIMOS

ADN:	Ácido desoxirribonucleico
ADNmt:	Ácido desoxirribonucleico en las mitocondrias
SNP:	Polimorfismos de un único nucleótido
Y-SNP:	Polimorfismos de un único nucleótido en el cromosoma Y
STR:	Pequeñas repeticiones de ADN en tándem
Y-STR:	Pequeñas repeticiones en tándem en el cromosoma Y
NRY:	Región no recombinante del cromosoma Y
IGG:	Investigación genealógica genética
FTDNA:	FamilyTreeDNA
WGS:	Secuenciación del genoma completo
MPS:	Secuenciación masiva en paralelo
CODIS:	Combined DNA Indexes System
LDIS:	Local DNA Index System (nodo local)
SDIS:	State DNA Index System (nodo nacional)
cM:	Centimorgan

CAPÍTULO I. INTRODUCCIÓN

1.1. FORMULACIÓN DEL OBJETO DE ESTUDIO

La genealogía se define como el estudio de la descendencia y ascendencia familiar. Dentro de ella, el análisis comparativo de perfiles genéticos mediante pruebas de ADN genealógicas recibe el nombre de genealogía genética. En el ámbito criminalístico, la genealogía genética forense es una herramienta comparativa entre perfiles de ADN almacenados en la base de datos GEDmatch y aquellos obtenidos de muestras biológicas dubitadas de una escena criminal.

La genealogía forense se considera una nueva vía de investigación que permite ir más allá de lo que las metodologías actuales de búsqueda de sospechosos a través del análisis de distintas muestras biológicas permiten. Esta vertiente de la ciencia nos ofrece la posibilidad de resolver casos archivados tiempo atrás; casos donde las bases de datos de la policía no son suficientes para aproximarse al verdadero individuo responsable de unos hechos y que, hasta el momento, no tiene antecedentes que nos permitan poseer su información personal. Esto se debe al uso de secuencias de ADN distintas a las utilizadas en las ya existentes y similares herramientas de identificación criminal y cotejadas con las obtenidas de bases de datos civiles.

La complejidad que conlleva el método de la genealogía forense y la necesidad de desarrollarlo han sido expuestos en revisiones sistemáticas por distintos autores. Recientemente se ha señalado el éxito en la investigación de casos con la ayuda de bases de datos genealógicas, donde se realza la necesidad de indagar más en ella con el fin de considerarla una herramienta fiable que garantice resultados eficaces en todas sus aplicaciones.

En definitiva, el avance en la investigación, la combinación de distintas ciencias y la necesidad de aumentar la seguridad ciudadana han permitido adentrarse en una nueva herramienta genética de identificación criminal que precisa divulgación, acrecentamiento de sus aplicaciones en la criminalística y deslinde de los límites que su uso conlleva. Esta herramienta se denomina genealogía genética de investigación (IGG).

1.2. JUSTIFICACIÓN DEL OBJETO DE ESTUDIO

La genealogía genética forense es un avance científico cuyo alcance supone un paso adelante de gran envergadura en la investigación criminal. El encontrar una técnica de investigación capaz de retomar casos que anteriormente no fueron capaces de ser resueltos, pese al esfuerzo y disciplina de los Cuerpos de Seguridad, brinda una nueva oportunidad a la justicia y seguridad ciudadana.

Según datos estadísticos consultados a fecha 15 de febrero de 2021 (Ministerio de Interior, 2020), en el año 2020 la totalidad de delitos relacionados con la Indemnidad Sexual, en particular los abusos cometidos contra menores, fueron esclarecidos. Sin embargo, aproximadamente el 26% de las agresiones sexuales denunciadas en ese mismo año no han podido ser clarificadas. Del mismo modo, los datos obtenidos de homicidios muestran casi un 54% de casuística sin resolver. En estos casos, los perfiles genéticos obtenidos se encuentran registrados de forma anónima. Hacer uso de la genealogía genética forense para subsanar dicha problemática es clave en la reducción de esas cifras.

Sin embargo, el hecho de acceder a bases de datos privadas puede crear conflicto en el sistema legal de una comunidad. Es necesario profundizar en el procedimiento de esta nueva técnica y conocer si se encuentra o no regulada, de modo que, el derecho fundamental a la intimidad personal y familiar no sea violado. En consecuencia, resulta necesario hallarse ante un asunto delictivo especialmente mediático y reincidente para acudir a una técnica de identificación como la que el presente estudio expone.

Actualmente, solo Estados Unidos, Australia, China, Reino Unido y Suecia utilizan o se plantean utilizar la genealogía forense como herramienta de búsqueda criminal. El inconveniente que impide aplicar esta nueva metodología en Europa es, en efecto, la perspectiva ético-legal de su uso. Para lograrlo, se reitera la necesidad de analizar el marco legal y ético establecido en España con el objeto de estudiar la oportunidad y modo de realizar una investigación a través de técnicas genealógicas genéticas. Así mismo, poder establecer en qué casos es tan aconsejable como factible su aplicación y ampliar los horizontes españoles a una mejor seguridad ciudadana. Todo ello, manteniendo la confianza en las empresas privadas que contienen información genética confidencial.

Por todo lo expuesto, profundizar en el conocimiento sobre la genealogía forense hasta ahora publicado y describir su uso y su metodología, es el primer escalón necesario para abordarla como una alternativa factible en Europa y, en concreto, en España. Esto permitiría a los Cuerpos de Seguridad desarrollarse y derribar limitaciones o dificultades que hoy en día no les permiten lograr resultados óptimos en el desarrollo de su función frente a todos los casos que se les presentan.

En este sentido, este estudio se encuentra dividido en distintos capítulos estructurados del siguiente modo.

En el Capítulo I se formula y justifica el objeto de estudio y se incluye el diseño de investigación, compuesto por la formulación de preguntas de investigación, los objetivos y la metodología.

En el Capítulo II se aborda la función del ADN como herramienta de búsqueda e identificación en la criminalística, las bases de datos genéticos y se describe la genealogía forense como alternativa a las técnicas actuales.

En el Capítulo III se investiga el marco normativo a nivel nacional e internacional que regula el uso de la genealogía genética forense.

En el Capítulo IV se determina el procedimiento al que se somete la información genética mediante esta técnica, la metodología utilizada, sus limitaciones y su regulación.

En el Capítulo V se señala la aplicación de la genealogía y la casuística correspondiente.

En el Capítulo VI se describe el impacto de la genealogía genética de investigación mediante el análisis de estudios realizados a la población, destacando la respuesta de investigadores, genealogistas, usuarios y sus relativos.

En el Capítulo VII se presentan los resultados de los datos obtenidos en la investigación y se interpreta la información de las fuentes consultadas señalando mediante enunciados la información a destacar, esclarecer y confrontar.

En el Capítulo VIII, se expone las conclusiones acordes con los objetivos propuestos en el presente análisis.

Finalmente, el Capítulo IX enuncia diversas propuestas a desarrollar en un futuro.

1.3. DISEÑO DE INVESTIGACIÓN

1.3.1. Preguntas de investigación

Para la realización y diseño del presente estudio de investigación se requiere plantear algunas preguntas de investigación que se estiman oportunas para dar respuesta a lo largo de su desarrollo. En este caso se han concretado las siguientes:

- ¿Existe una herramienta genética de mayor alcance a las actualmente conocidas capaz de identificar a criminales de casos estancados y nos permita hacer justicia incluso después de un largo periodo de tiempo? Siendo cierto, ¿qué procedimiento se debe seguir? ¿Es una herramienta fiable y de gran aplicación en un futuro cercano?

- ¿Es posible que el marco legal y ético español permita que nuestro derecho a la intimidad se vea condicionado por la seguridad ciudadana? En caso afirmativo, ¿hay un límite legal establecido para la cesión de información genética civil a los Cuerpos de Seguridad sabiendo que supone indagar en su inocencia y exponer a una posible y cuestionable involucración criminal?

1.3.2. Objetivos

El objetivo general del presente estudio es determinar el uso de la genealogía forense como herramienta emergente de investigación criminal en España.

Los objetivos específicos son los que se especifican a continuación:

- Describir la genealogía forense en el procedimiento criminalístico de una investigación.

- Identificar otras metodologías específicas ya existentes y sus posibles aportaciones a la investigación genética genealógica.

- Señalar los recursos adicionales de fuentes externas a las Fuerzas y Cuerpos de Seguridad del Estado que son requeridos para la incorporación de la genealogía en una investigación.

1.3.3. Metodología

Este estudio de investigación desde el punto de vista metodológico se ha abordado con el uso de una metodología mixta. Según define Sampieri (2014) en su manual de metodología, una investigación elaborada desde un enfoque mixto se define como un conjunto de procesos sistemáticos, empíricos y críticos de investigación que conlleva la recolección, análisis e integración de datos tanto cuantitativos como cualitativos en el mismo. Es decir, una investigación completa que responda en todos sus aspectos al problema planteado.

Por un lado, la investigación cuantitativa descrita por Fernández y Díaz (2002) se basa en la inducción probabilística del positivismo lógico a través de una medición penetrante y controlada, siendo objetiva, generalizable, estática y orientada al resultado. En base a ello, Del Canto (2013) sostiene que la investigación cuantitativa adopta un criterio lógico en el que la relación entre la teoría, la investigación y la realidad se basan en la coincidencia entre la percepción de la realidad del investigador reflejada en una hipótesis y la realidad como fenómeno para que se apruebe una teoría.

Por otro lado, una investigación cualitativa, "busca la subjetividad, y explicar y comprender las interacciones y los significados subjetivos individuales o grupales" (Álvarez-Gayou Jurgenson, 2003, p. 41). Es decir, una metodología cualitativa no puede ser generalizable ya que utiliza el método inductivo para generar y describir una teoría a partir de diversas hipótesis (Del Canto y Silva Silva, 2013; Izcara Palacios, 2014; Pita Fernández y Pértegas Díaz, 2002).

El hecho de ser un análisis que requiere tanto de un entendimiento profundo, como de la exposición de una problemática real frente a la cual se está adoptando una nueva tendencia, supone la necesidad de plantear el método mixto definido anteriormente. Así mismo, la presente monografía no solo debe definir y describir la genealogía genética forense como la innovadora combinación de varias ciencias ya existentes, sino también plantear la realidad y experiencia de su aplicación en la investigación criminal. Se trata, por tanto, de un estudio multimodal cuya visión debe ser objetiva y subjetiva (Hernández Sampieri et al., 2014).

La realización de una investigación mixta permite tanto ampliar y profundizar en el objeto de estudio; como explotar, maximizar y optimizar la búsqueda, obteniendo así información de mayor solidez y rigor para una teorización más certera (Beltrán, 2005; Sánchez-Meca, 2010). De modo que, la discusión elaborada se basará en evidencia de datos numéricos, verbales, textuales etc. (Hernández Sampieri et al., 2014), una investigación general con método mixto cuan-cual. En el presente estudio predominará la información cualitativa, respondiendo al subtipo de metodología cualitativa mixta (cuan-CUAL).

El diseño de investigación utilizado es la revisión sistemática. Una revisión sistemática consta de un estudio completo que integra la evidencia planteada por diversos estudios anteriores sobre una misma cuestión. Se realiza mediante una recopilación rigurosa y explícita de artículos publicados por diversos autores en los cuales la información puede ser acorde o discrepante, con la finalidad de identificar, discutir y sintetizar la evidencia obtenida sobre el objeto de estudio (Beltrán, 2005; Sánchez-Meca, 2010).

Para el correcto desarrollo de la presente revisión sistemática se llevan a cabo las siguientes etapas: formulación del objeto de estudio; búsqueda bibliográfica de los estudios realizados; establecimiento de los criterios de inclusión y exclusión; identificación de la información disponible; evaluación de la calidad de la evidencia; análisis e interpretación de la información; presentación de los resultados; y evaluación crítica del estudio integrativo (Beltrán, 2005; Sánchez-Meca, 2010).

La búsqueda bibliográfica se ha realizado desde noviembre de 2020 hasta marzo de 2021 consultando una serie de buscadores relevantes como PubMed, WOS y SCOPUS.

En primer lugar, PubMed es una base de datos gratuita desarrollada por el Centro Nacional para la Información Biotecnológica (NCBI) cuya información predominante pertenece al área de la salud.

En segundo lugar, La Web of Science (WOS) es una herramienta de análisis de publicaciones científicas procedentes de todas las disciplinas del ámbito científico, sociológico, artístico, humanístico y tecnológico, gestionada por la Fundación Española para la Ciencia y la Tecnología (FECYT) y que contiene las herramientas de evaluación de calidad Journal Citation Report y Essential Science Indicators.

Finalmente, SCOPUS es una base de datos bibliográfica que aporta revistas, resúmenes, libros, actas de congresos y citas de artículos publicados en revistas científicas. En ella podemos encontrar publicaciones de Ciencias, Tecnologías, Medicina, Ciencias Sociales, Artes y Humanidades.

Las palabras clave utilizadas en las tres herramientas de búsqueda han sido: crimen, genealogía genética o forense, base de datos, humano y GEDmatch. Su traducción en inglés es: crime, genetic or forensic genealogy, database, human, GEDmatch.

Con la finalidad de limitar los resultados obtenidos de la búsqueda bibliográfica en los anteriores buscadores, se establecen una serie de criterios de inclusión y exclusión que a continuación se indica.

Por un lado, los criterios de inclusión se dividen en:

- Criterios de inclusión:
  - ✓ Tipo de publicación:
    - Publicaciones que traten de la genealogía forense y su aplicación en el ámbito criminal.
    - Publicaciones que, en el ámbito criminal, se centren en el uso de polimorfismos de un solo nucleótido (SNP) como herramienta de identificación.
    - Publicaciones que aborden casuística resuelta mediante la genealogía forense.

- Publicaciones que señalen las bases de datos genealógicas aplicadas en la investigación criminal.
- Publicaciones que contengan el enfoque ético y legal del uso de la genealogía forense.

✓ Año de publicación:

- Se limita la búsqueda a publicaciones difundidas desde 2018 a 2021.

✓ Idioma:

- Se concreta aquellas publicaciones escritas en inglés y español[1]

✓ Tipo de documento:

- Se incorporan las publicaciones catalogadas como:
    - artículo
    - capítulo de libro
    - revisión sistemática
    - material de editorial[2]

Por otro lado, los criterios de exclusión utilizados son los siguientes:

- Criterios de exclusión.

× Tipo de publicación:

- Se descartan los documentos relativos al uso de polimorfismos de un solo nucleótido (SNP) para la identificación de características personales.
- Se excluyen las publicaciones relacionadas con la búsqueda familiar.
- Se prescinde de las publicaciones cuyo estudio se enfoque a enfermedades.

---

[1] La búsqueda bibliográfica realizada, pese a realizarse en inglés y español tal y como especifican los criterios de inclusión, sólo arrojó un artículo en español, pues la mayor parte de los estudios que resultan de la búsqueda de los tres buscadores (PubMed, WOS y SCOPUS) aporta información redactada en inglés.

[2] En el buscador WOS se puede encontrar un tipo de documento denominado "material editorial". Este documento, tal y como define la base de datos en sus descripciones de búsqueda es "un artículo que ofrece las opiniones de una persona, un grupo o una organización. Incluye editoriales, entrevistas, comentarios y debates entre personas, debates sobre artículos, simposios en torno a mesas redondas y conferencias clínicas".

- Fecha de publicación:
  - Se descartan las publicaciones difundidas a fecha anterior al año 2018
- Idioma:
  - Se excluyen las publicaciones escritas en chino y francés
- Tipo de documento:
  - Se desecha todo resultado publicado como:
    - nota
    - carta

Los resultados de la búsqueda de bibliografía obtenidos mediante el uso de las anteriores bases de datos y la introducción de las palabras clave especificadas son expuestos en la Tabla 1. Así mismo, se indican aquellos resultados obtenidos una vez aplicados los criterios de inclusión y exclusión antes delimitados.

Tabla 1. Registro general de las fuentes secundarias consultadas.

Nombre del buscador	**Palabras clave**	**Resultados de la búsqueda**			**Seleccionados**
		Total	**Inclusión**	**Exclusión**	
PUBMED	Crime, database, genetic or forensic genealogy, human	15	12	3	11
WOS	Crime, genetic or forensic genealogy, database, GEDmatch	21	20	1	19
SCOPUS	Crime, database, genetic or forensic genealogy, human	70	33	37	19
	TOTAL	**106**	**65**	**41**	**49**[3]

Tras la búsqueda realizada son arrojados una serie de resultados que serán objeto de esta revisión sistemática. Se desarrolla la siguiente Tabla 2 en la que se muestran las principales características de cada publicación: denominación, tipo de publicación, autor y año.

[3] Dada la actualidad del objeto de estudio, los buscadores relevantes aportan información similar de modo que, de los 49 artículos marcados como seleccionados existen artículos duplicados, siendo 35 el total de publicaciones definitivas.

Tabla 2. Características de los estudios analizados.

	Denominación	Tipo de publicación	Autor	Año
1	Damned by DNA – Balancing personal privacy with public safety	Artículo de revista	K. S. Moran	2018
2	Forensic epidemiology: Harnessing the power of public DNA sources to capture career criminals	Artículo de revista	M. DeLisi	2018
3	Forensic genealogy: Some serious concerns.	Artículo de revista	D. Syndercombe Court	2018
4	Genealogy database and the future of criminal investigation.	Breve estudio	N. Ram, C. J. Guerrini, A. L. McGuire	2018
5	Genomic privacy.	Revisión sistemática	A. P. Schwab, H. S. Luu, J. Wang, J. Y. Park	2018
6	Identity inference of genomic data using long-range familial searches.	Artículo de revista	Y. Erlich, T. Shor, I. Pe'er, S. Carmi	2018
7	Is It Ethical to Use Genealogy Data to Solve Crimes?	Artículo de revista	B. E. Berkman, W. K. Miller, C. Grady	2018
8	Law and policy oversight of familial searches in recreational genealogy databases	Artículo de revista	E. Murphy	2018
9	Should police have access to genetic genealogy databases? Capturing the Golden State Killer and other criminals using a controversial new forensic technique.	Artículo de revista	C. J. Guerrini, J. Robinson, D. Peterson, A. L. McGuire	2018
10	The Golden State Killer investigation and the nascent field of forensic genealogy.	Artículo de revista	C. Phillips	2018
11	Forensic genealogy – A comparison of methods to infer distant relationships based on dense SNP data.	Artículo de revista	D. Kling, A. Tillmar	2019
12	Forensic genealogy, bioethics and the Golden State Killer case.	Artículo de revista	R. A. Wickenheirser	2019
13	Genetic Genealogy and its use in criminal investigations: are we heading towards a universal genetic database?	Artículo de revista	E. Plemel	2019
14	Genetic genealogy for cold case and active investigations	Artículo de revista	E. M. Greytak, C. Moore, S. L. Armentrout	2019

	Denominación	Tipo de publicación	Autor	Año
15	Genetic privacy after Carpenter	Artículo de revista	N. Ram	2019
16	Guilt by genetic association: the fourth amendment and the search of private genetic databases by law enforcement.	Revisión sistemática	C. Abraham-son	2019
17	Policy and regulatory implications of the new frontier of forensic genomics: direct-to-consumer genetic data and genealogy records.	Artículo de revista	N. Scudder, D. McNevin, S. F. Kelty,C. Funk, S. J. Walsh,J. Robertson	2019
18	The effectiveness of forensic genealogy techniques in The United Kingdom – an experimental assessment	Artículo de revista	J. Thomson, T. Clayton, J. Cleary, M. Gleeson, D. Kennett,M. Leonard, D. Rutherford	2019
19	Using genetic genealogy databases in missing persons cases and to develop suspect leads in violent crimes.	Artículo de revista	D. Kennett	2019
20	An empirical investigation into the effectiveness of genetic genealogy to identify individuals in the UK.	Artículo de revista	J. Thomson, T. Clayton, J.n Cleary,M. Gleeson, D. Kennett, M. Leonard,D. Rutherford	2020
21	Forensic genealogy. Social, ethical, legal and scientific implications.	Revisión sistemática	Ó. García	2020
22	Forensic investigation approaches of searching relatives in DNA databases.	Artículo de revista	J. Ge, B. Budowle	2020
23	Free at last discussing the future of forensic genealogy	Breve estudio	S. F. Terry, M. Caffet	2020
24	Organization and operation of the Spanish DNA database	Artículo de revista	M. Crespillo, E. López, A. Alonso	2020
25	Pedigrees and perpetrators: uses of DNA and genealogy in forensic investigations.	Revisión sistemática	S. H. Katsanis	2020
26	Problematizing consent: searching genetic genealogy databases for law enforcement purposes.	Artículo de revista	G. Samuel, D. Kennett	2020

	Denominación	Tipo de publicación	Autor	Año
27	Review of policies of companies and databases regarding access to customers' genealogy data for law enforcement purposes	Revisión sistemática	S. Skeva, M.H. Lar-museau, M. Shabani	2020
28	The controversial company using DNA to sketch the faces of criminals	Artículo de revista	C. Arnold	2020
29	The impact of investigative genetic genealogy: perceptions of UK professional and public stakeholders.	Artículo de revista	D. Kennett, G. Samuel	2020
30	Trends in forensic DNA database: transnational exchange of DNA data.	Revisión sistemática	A. O. Amankwaa	2020
31	Whole-genome sequencing of human remains to enable genealogy DNA database searches - A case report.	Artículo de revista	A. Tillmar,P. Sjölund,B. Lundqvist, T. Klippmark, C. Älgenäs, H. Green	2020
32	"A world of difference"? Law enforcement, genetic data, and the fourth amendment.	Artículo de revista	J. W. Hazel, C. Slobogin	2021
33	Familial DNA analysis and criminal investigation: usage, downsides and privacy concerns	Revisión sistemática	R. M. Mateen, M. F. Sabar, S. Hussain, R. Parveen, M. Hussain	2021
34	Getting the conclusive lead with investigative genetic genealogy– A successful case study of a 16 year old double murder in Sweden	Artículo de revista	A. Tillmar, S. A. Fagerholm, J. Staaf,P. Sjölund, R. Ansell	2021
35	Investigative genetic genealogy: Current methods, knowledge and practice	Revisión sistemática	D. Kling, C. Phillips,D. Kennett, A. Tillmar	2021

La búsqueda bibliográfica realizada permite concluir en que la genealogía genética forense es una herramienta de búsqueda novedosa cuyo estudio y análisis se ha desarrollado en los últimos 4 años, comenzando en 2017. Por este motivo, las distintas bases de datos ofrecen prácticamente el mismo abanico de resultados. Recientemente se ha observado un mayor número de artículos debido a su innovadora y exitosa aplicación en casos abiertos no prescritos principalmente en Estados Unidos y Reino Unido. Así mismo, gran parte de ellos han sido publicados con la finalidad de analizar la viabilidad de dicha herramienta en el sistema de investigación criminal, discutiendo desde diferentes aspectos el concepto legal y ético que su uso conlleva.

De forma complementaria, a la hora de acceder a información igualmente científica y relevante se ha realizado una búsqueda de bibliografía secundaria en otro tipo de fuentes cuyas áreas disciplinarias y de conocimiento coinciden con el presente monográfico.

En la página web del Centro de Documentación Judicial, dentro del temario de la escuela judicial, se ha utilizado el Tema 18 del Módulo VI "Instituciones de apoyo a la Cooperación: Red Judicial Europea, Eurojust, Europol, Interpol, Magistrados de Enlace, IberRed" en su quinta edición y publicado el año 2013.

En la biblioteca virtual SciELO España en la que se hallan revistas científicas españolas del área de Ciencias, se ha obtenido la revisión sistemática "Nuevas aplicaciones en identificación genética", publicado en 2010 por los autores M. J. Álvarez-Cubero, L. J. Martínez González; M. Saiz, J. C. Álvarez y J. A. Lorente, de la Universidad de Granada.

A través del buscador bibliográfico español Dialnet, se ha consultado el artículo "Situación actual de las bases de datos de ADN en el ámbito forense" de la "Revista de derecho y genoma humano: genética, biotecnología y medicina avanzada" publicada en 2009 por Miriam Baeta y María Begoña Martínez; y la tesis de Miguel Ernesto Valerio Jiminián "Nuevas técnicas de control social: análisis jurídico de las bases de datos de ADN" realizada en 2015.

Dentro del Catálogo de Publicaciones de la Administración General del Estado, en la página web del Ministerio de Interior, se ha utilizado el Informe realizado en 2020 "Memoria. Base de datos policial de identificadores obtenidos a partir de ADN".

Con la finalidad de obtener información procedente de la Organización Internacional de Policía Criminal (INTERPOL) y de la oficina Europea de Policía (EUROPOL) se ha investigado en sus respectivas páginas web: www.interpol.int y www.europol.europa.eu.

Con el objeto de resumir y visualizar de un modo más esquemático la búsqueda bibliográfica adicional descrita se ha realizado la Tabla 3 mostrada a continuación.

Tabla 3. Características de la bibliografía adicional consultada.

Fuente complementaria	Denominación	Tipo de publicación	Autor	Año
Web del Centro de Documentación Judicial	Instituciones de apoyo a la Cooperación: Red Judicial Europea, Eurojust, Europol, Interpol, Magistrados de Enlace, IberRed	Temario 5ª edición (Módulo VI. Tema 18)	-	2013
Biblioteca virtual SciELO España	Nuevas aplicaciones en identificación genética	Revisión sistemática	M. J. Álvarez-Cubero, L. J. Martínez González; M. Saiz, J. C. Álvarez y J. A. Lorente	2010
Dialnet	Situación actual de las bases de datos de ADN en el ámbito forense	Artículo de revista	M. Baeta y M.B. Martínez	2009
	Nuevas técnicas de control social: análisis jurídico de las bases de datos de ADN	Tesis	M. E. V. Jiminián	2015
Web del Ministerio de Interior. Catálogo de Publicaciones de la Administración General del Estado	Memoria. Base de datos policial de identificadores obtenidos a partir de ADN	Memoria	-	2020
Web Organización Internacional de Policía Criminal (INTERPOL) www.interpol.int	-	Información general	-	-
Web Oficina Europea de Policía (EUROPOL) www.europol.europa. eu	-	Información general	-	-
Sociedad Internacional de Genealogía Genética (ISOGG)	-	Información general	-	-

La recopilación de información aportada por ambas búsquedas bibliográficas permite realizar una revisión sistemática de forma integral y retrospectiva de modo que, la combinación y evaluación de la evidencia obtenida resuelva el planteamiento del problema expuesto en el presente análisis y apoye de forma contundente los resultados y conclusiones detallados en los últimos capítulos.

CAPÍTULO II. DELIMITACIÓN CONCEPTUAL DE LA GENEALOGÍA FORENSE

2.1. ADN COMO HERRAMIENTA GENÉTICA

El genoma humano está constituido por 23 pares de cromosomas y una fracción hallada en las mitocondrias. Este material depende de la combinación entre unidades conocidas como nucleótidos formando una doble hélice polinucleotídica, el ácido desoxirribonucleico (ADN). El ADN es el componente principal del núcleo de las células del cuerpo humano. De modo que, conforme las células se dividen por los procesos de mitosis o meiosis (en caso de los gametos: espermatozoides y óvulos), la información genética se va heredando generación tras generación.

El conjunto de información genética que constituye un organismo pluricelular, como lo es el ser humano, se denomina genotipo y, el modo en que este se expresa a través de caracteres apreciables a simple vista es el fenotipo. Las características fenotípicas de un individuo vienen condicionadas por los factores ambientales y los mecanismos de control de la expresión génica, es decir, por la epigenética (J. D. Watson, T. A. Baker, S. P. Bell, A. Gann, M. Levine, 2013; Kornblihtt, 2017; Pierce, 2016). Por ello, el fenotipado es utilizado como herramienta de investigación; mientras que el genotipado se considera un instrumento de identificación.

El genotipo está compuesto por unidades de información, los genes. Estas unidades constituyen solo el 30% del ADN puesto que se hallan separadas por regiones intergénicas. Cada gen está posicionado en un lugar concreto dentro de la cadena de ADN, *locus* (en latín, lugar), el cual coincide en el par de cromosomas en que está incluido y a los que en conjunto se les conoce como alelo. Los genes se caracterizan por ser discontinuos: presentan regiones codificantes, es decir, capaces de ser transcritas a una molécula de ARN (ácido ribonucleico) y codificar una proteína (exones); y regiones no codificantes (intrones) que presentan altos niveles de variación y proporcionan fragmentos de ADN característico e individual, es decir, el perfil genético (J. D. Watson, T. A. Baker, S. P. Bell, A. Gann, M. Levine, 2013; Pierce, 2016).

Las regiones no codificantes son aquellas que se utilizan actualmente con fines identificativos. Los marcadores genéticos es el nombre que reciben las secuencias específicas variables utilizadas para la identificación ya que aportan datos sobre ascendencia y fenotipo del individuo. Entre ellos los más importantes en las ciencias forenses son: pequeñas repeticiones en tándem o *Short Tandem Repeats* (STR), polimorfismo del cromosoma Y, polimorfismo de un único nucleótido o *Single Nucleotide Polymorphism* (SNP), ADN mitocondrial y los marcadores autosómicos (Mateen et al., 2021; Pierce, 2016; Tëtushkin, 2011).

a. Pequeñas repeticiones en tándem (STR).

Son polimorfismos de longitud que muestran repeticiones de secuencias de ADN nuclear (minisatélite y microsatélite) de pequeño tamaño (2 a 6 pares de bases). En criminalística biológica se utilizan STR de 4bp y 5bp. Dentro de este punto se añaden los STR del cromosoma Y de gran aplicación en la identificación de agresores sexuales en la que aparece ADN tanto masculino como femenino ya que se caracteriza por ser heredable únicamente por la línea paterna (Mateen et al., 2021; Pierce, 2016; Tëtushkin, 2011).

b. Polimorfismos de un único nucleótido (SNP).

Son polimorfismos de secuencia producidos por mutaciones que podrían hallarse tanto en ADN codificante como en no codificante. Se trata de marcadores bialélicos útiles en casos en que la cantidad de muestra es mínima y que ofrecen información tanto del fenotipo como de la situación geográfica de la muestra (Mateen et al., 2021; Pierce, 2016; Tëtushkin, 2011).

c. ADN mitocondrial.

Son polimorfismos de secuencia de ADN integrados en el interior de la mitocondria y heredado únicamente por vía materna. Dado que las mitocondrias se hayan en gran cantidad en el interior de las células, es decir, el gran número de copias idénticas que se pueden hallar, el ADN mitocondrial presenta menor variabilidad genómica que aquel nuclear, y con ello un poder de discriminación mucho más limitado (Mateen et al., 2021; Pierce, 2016; Tëtushkin, 2011). Esto permite el análisis de muestras en cantidad insuficiente y en condiciones adversas, como lo son restos óseos, cabello sin bulbo etc. Sin embargo, la información extraída de estas no es suficiente para llevar a cabo una identificación (Ministerio de Justicia, 2019).

d. ADN autosómico

Consta del ADN hallado en el conjunto de cromosomas, a excepción del par cromosómico sexual, en las regiones altamente polimórficas y no codificantes. Los *loci*[4] autosómicos son utilizados para todo tipo de análisis puesto que son transmitidos por vía materna y paterna y permiten distinguir a una persona de otra en función del cromosoma en que se encuentren. Dicho de otro modo, sirven para individualizar. Los marcadores autosómicos o STR autosómicos son el primer perfil genético utilizado en una investigación (Mateen et al., 2021).

La técnica utilizada actualmente para el análisis de los polimorfismos de ADN es la reacción en cadena de la polimerasa (PCR) encargada de amplificar y marcar en fluorescente las regiones de interés con su posterior separación mediante electroforesis capilar. Así, se pueden detectar los segmentos de ADN marcados permitiendo realizar un estudio comparativo óptimo del ADN de las muestras biológicas halladas en la escena.

La información del ser humano proporcionada por su genoma aportando datos de la localización geográfica, filiación familiar, etnia, enfermedades genéticas, fenotipo etc., nos lleva a considerar el ADN una herramienta genética potencial en la investigación e identificación criminal.

2.2. BASES DE DATOS GENÉTICAS ACTUALES

Los sistemas creados para almacenar un conjunto de datos obtenidos por análisis del ADN es lo que se conoce como bases de datos genéticas. Estas bases permiten la consulta, el cotejo y la organización de información hereditaria aportadas voluntariamente por los civiles en casos de identificación de restos, búsqueda de parientes lejanos, análisis de paternidad, entre otros; o, por el contrario, procedentes de muestras biológicas o vestigios biológicos, extraídas de sospechosos o halladas en la escena del crimen, respectivamente, por los Cuerpos de Seguridad en la investigación de un delito (Alvarez et al., 2010; Míriam Baeta, 2016).

Las primeras contienen ADN tanto codificante como no codificante; las segundas únicamente recogen regiones no codificantes debido a que la finalidad de su almacenaje no es otra que reunir el perfil genético del criminal, sin necesitar inferir en la información genética y respetando así el derecho fundamental a la intimidad (Murphy, 2018). Ambas registran la información mediante un sistema disociativo de datos, es decir, a través de códigos que no aporten información personal del individuo.

4 *Loci*: forma plural del término *locus*.

2.2.1. *Bases de datos civiles*[5]

A nivel civil, la principal herramienta de investigación genealógica es la GEDmatch. Se trata de un sistema privado que engloba bases de datos de material genético aportado voluntariamente por los ciudadanos cuya función es la búsqueda e interpretación de coincidencias genéticas mediante el análisis exhaustivo de SNPs (Kennett, 2019). En él podemos encontrarnos bases de datos para la búsqueda de familiares lejanos y construcción de árboles genealógicos como AncestryDNA, MyHeritageDNA y FamilyTreeDNA (FTDNA). En el caso de FTDN, la búsqueda se realiza mediante la información aportada por los STR del cromosoma Y en caso de ser ancestros paternos; y ADNmt en caso de ser maternos.

A su vez, existe el proyecto DNA-PROKIDS cuya finalidad es la de ayudar a menores a encontrar a sus padres y evitar el tráfico humano utilizando como herramienta tanto polimorfismos de secuencia, como de longitud y ADN mitocondrial (Alvarez et al., 2010).

2.1.2. *Bases de datos del gobierno*

A nivel gubernamental, la base de datos utilizada en el ámbito nacional es CODIS, Combined DNA Indexes System. Se trata de un software desarrollado por el FBI encargado de almacenar y conservar perfiles genéticos dubitados e indubitados procedentes de distintas instituciones, y realizar estudios comparativos y de cotejo automáticamente. Esta base de datos permite prevenir futuros delitos, optimizar y agilizar la resolución de los casos no resueltos sirviendo, así, como herramienta de inteligencia forense ante modus operandi similares o bandas criminales itinerantes (Crespillo-Márquez et al., 2020).

Para su correcto funcionamiento, el sistema informático está dividido en dos niveles principales: LDIS (Local DNA Index System), encargado de gestionar la información genética recogida a nivel local; y SDIS (State DNA Index System), cuya función es equivalente pero aplicada a nivel estatal, de modo que, el cruce de información entre instituciones sea regulado desde la Secretaría de Estado de Seguridad. En EEUU existe un tercer nivel para la organización de información genética a nivel nacional, NDIS (National DNA Index System) (Crespillo-Márquez et al., 2020; Ministerio de Interior, 2020).

CODIS está constituida por los polimorfismos de ADN STR (autosómicos), Y-STR (del cromosoma Y) y ADNmt (mitocondrial). Esta base de datos no in-

---

5 La Sociedad Internacional de Genealogía Genética, del inglés *The International Society of Genetic Genealogy (ISOGG)* aporta en su página web toda la información referente a las distintas bases de datos civiles y sus respectivas metodologías: https://isogg.org/wiki/Autosomal_DNA_testing_comparison_chart

cluye información genética codificante con el objeto de garantizar el derecho fundamental a la intimidad y privacidad. La información almacenada es pseudoanonimizada. Su función es almacenar la información entrante con un único código identificador, clasificándola según el tipo delictivo y actuando según lo establecido en el artículo 9 de la Ley Orgánica 10/2007 sobre cancelación, rectificación y acceso a los datos (Ministerio de Interior, 2020).

Asimismo, tal y como indica el Orden INT/177/2008 del BOE, elaborado el 23 de enero, CODIS presenta dos apartados más que permiten establecer distinción entre aquella información de interés social y público con fines de identificación de restos cadavéricos o desapariciones (INT- FENIX) y la referida a la identificación de vestigios biológicos o muestras desconocidas con interés penal criminal (INT-SAIP).

La duración de los datos incorporados a las diferentes bases de datos viene regulada independientemente por cada institución (Jiminián, 2015).

A nivel supranacional, existen dos organizaciones de gran importancia en la Unión Europea (UE) encargadas de regular e informar del modo en que proceder para la creación, organización y uso de la información de una base de datos nacional de ADN. Así mismo, establecen el modo de intercambiar información de forma transnacional (Williams, 2005). Estas son INTERPOL y EUROPOL, cuyo modo de operar viene establecido en el "Manual de Interpol sobre el intercambio y la utilización de datos relativos al ADN".

a. Organización Internacional de Policía Criminal (INTERPOL).

Actúa en delitos de seguridad pública, terrorismo, delitos ambientales, crímenes organizados, tráfico de drogas, corrupción, etc., permitiendo la colaboración entre organizaciones internacionales policiales (Bermejo, 2013; Organización Internacional de Policía Criminal [INTERPOL], s.f.).

b. Oficina Europea de Policía (EUROPOL).

Es una organización policial transnacional que actúa en caso de que exista una organización criminal cuya actividad afecte a dos o más estados de la UE. Se enfoca en inteligencia criminal, crímenes organizados, etc., permitiendo la cooperación entre policía internacional (Bermejo, 2013; Oficina Europea de Policía [EUROPOL], s.f.).

2.3. ALTERNATIVA A LAS BASES DE DATOS ACTUALES. USO DEL GENOTIPADO DE ALTA DENSIDAD SNP

A la hora de realizar una investigación criminal existen diversos métodos indirectos de búsqueda en bases de datos para identificar una muestra biológica forense. Aquellas enfocadas en el ADN son (J. Ge, 2020):

a. Búsqueda familiar.

La búsqueda familiar consiste en un análisis genético estadístico que establece relaciones de parentesco hasta parientes del primer grado en base a información genética almacenada en bases de datos forenses gestionadas por el gobierno. Es una herramienta genealógica de identificación mediante el uso de marcadores STR aplicable únicamente en individuos que han delinquido anteriormente, cuyo ADN está almacenado en NDIS, y los miembros de su familia más cercanos (J. Ge, 2020; Kling et al., 2021; Mateen et al., 2021; Ministerio de Interior, 2020; Wickenheiser, 2019).

Este tipo de búsqueda está regulado por la normativa de la base de datos CODIS y por la política de búsqueda familiar regida por el Estado (Murphy, 2018). De manera que, solo se recurre a ella en importantes delitos contra la persona y cuando la investigación por coincidencia directa no ha tenido éxito (Wickenheiser, 2019).

b. Búsqueda en la base de datos Y-STR.

El estudio del número de *loci* Y-STR permite hallar perfiles emparejados de varones del mismo linaje o de parientes más lejanos cuyos perfiles genéticos están recogidos en bases de datos forenses gestionadas por el gobierno. Para ello, la búsqueda establece distintos niveles de coincidencia correspondientes a la mayor o menor probabilidad de emparentarse paternalmente.

La gran capacidad de discriminación de esta búsqueda se debe a la alta tasa de mutación que presentan los STR y a la herencia independiente. Así, la exclusión se lleva a cabo cuando el número de alelos discordantes supera un umbral predefinido en base al conjunto de *loci* Y-STR y de la tasa de mutación calculada en estos (Calafell y Larmuseau, 2017; J. Ge, 2020; Jobling y Tyler-Smith, 2017; Wickenheiser, 2019).

Es una técnica muy recurrida para las investigaciones en las cuales ha tenido lugar una agresión sexual. A su vez, dentro del ámbito forense se considera de gran utilidad para la discriminación de perfiles en búsquedas familiares. Sin embargo, en este último caso se requiere mayor precisión y su aplicación únicamente hace uso de los datos SNP autosómicos (Calafell y Larmuseau, 2017; J. Ge, 2020; Jobling y Tyler- Smith, 2017; Wickenheiser, 2019).

c. Investigación genealógica genética (IGG).

La genealogía genética de investigación es una expansión de la tradicional búsqueda familiar, es decir, una búsqueda familiar de largo alcance (*long-range familial searching*) (Scudder et al., 2019; Wickenheiser, 2019). A diferencia de esta, la IGG utiliza perfiles de SNP que se hayan de forma abundante en el genoma y presenta una tasa de mutación baja, permitiendo obtener resultados más favorables incluso en muestras degradadas (Mateen et al., 2021).

La investigación se realiza a través de bases de datos de perfiles de SNP de alta densidad utilizando medidas como la longitud local entre un par de segmentos de ADN compartidos entre dos individuos/parientes. Los perfiles de SNP de alta densidad son obtenidos a través de microarrays (económicos y con precisión del 99,9%) o técnicas de secuenciación del genoma completo (WGS). Utiliza bases de datos gestionadas por ciudadanos o empresas privadas (J. Ge, 2020).

Tabla 4. Herramientas de búsqueda enfocadas en el ADN.

	Búsqueda familiar	**Búsqueda Y-STR**	**Investigación genética genealógica (IGG)**
Uso forense	Sí	Sí	Sí
Material genético almacenado	STR	STR	SNP y STRen función de la etapa de investigación
Técnicas utilizadas	PCR	PCR	- Microarray - WGS (técnicas de secuenciación del genoma completo) - MPS (técnicas de secuenciación dirigida)
Personal autorizado para el acceso a la información	Miembros de las Fuerzas y Cuerpos de Seguridad del Estado	Miembros de las Fuerzas y Cuerpos de Seguridad del Estado	- Miembros de las Fuerzas y Cuerpos de Seguridad del Estado - Genealogistas autorizados - Agencias privadas autorizadas
Personal autorizado para el manejo de la información	Miembros de las Fuerzas y Cuerpos de Seguridad del Estado	Miembros de las Fuerzas y Cuerpos de Seguridad del Estado	Genealogistas autorizados
Base de datos utilizada	CODIS	Base de datos Y-STR forense	- GEDmatch - FamilyTreeDNA - DNASolves
Límite de parentesco	Parientes del 1° grado	Parientes masculinos de la misma línea familiar	Parientes de hasta lejano grado de parentesco

Fuente: Información obtenida en (Calafell y Larmuseau, 2017; J. Ge, 2020; Jobling y Tyler-Smith, 2017; Kling et al., 2021; Mateen et al., 2021; Ministerio de Interior, 2020; Murphy, 2018; Scudder et al., 2019; Wickenheiser, 2019).

De los tres métodos mencionados y confrontados en la Tabla 4, el presente estudio de investigación se centra en la genealogía genética de investigación. Las bases de datos genealógicas que forman parte de dicho procedimiento son GEDmatch, FTDNA y DNASolves (Samuel y Kennett, 2020a, 2020b).

- GEDmatch

GEDmatch es una base de datos pública que recopila perfiles de SNP de alta densidad aportados voluntariamente por los ciudadanos que se han realizado pruebas genéticas directas al consumidor (DTC). La búsqueda en ella consiste en comparar perfiles de ADN autosómicos registrados para obtener datos de coincidencia familiar expresados en forma de segmentos de ADN (GEDmatch, s.f.; Mateen et al., 2021).

Con la finalidad de no desazonar la política existente en el sistema, la base de datos reinició en 2019 toda la información obtenida de perfiles de SNP de los individuos que los confiaron en un momento anterior a la nueva aplicación genealógica forense de investigación. De este modo, si los usuarios aceptan la consulta de sus "kits" (conjunto de SNP individual cargado en la base de datos) ante una investigación forense, estos se introducirán en un listado específico para el uso de la IGG (GEDmatch, s.f.; Hazel y Slobogin, 2021; Kling et al., 2021).

La base de datos sólo accederá a prestar sus datos genéticos en caso de realizar una identificación de un autor de un delito violento contra otro individuo; o la identificación de restos de un individuo fallecido (Kennett, 2019). Y, una vez finalizada la investigación, los datos genéticos aportados por las Fuerzas y Cuerpos de Seguridad deberán ser eliminados de la base de datos ya que no fueron registrados por el propio individuo (Hazel y Slobogin, 2021).

Desde el año 2018, una de las principales empresas privadas que provee sus datos a GEDmatch con fines forenses es la agencia Parabon Nanolabs (Guerrini et al., 2018; Kennett, 2019). Parabon es una empresa encargada de realizar análisis genealógicos genéticos, fenotipado, determinación de la ascendencia e inferencia de parentesco. Los genealogistas de Parabon trabajan en un servidor cifrado al que únicamente se puede acceder mediante autorización, de manera que, son ellos los encargados del registro y uso de sus datos en GEDmatch (Parabon Nanolabs, s.f.).

Las empresas Body Technology, unida en 2019, y DNA Doe Project, una empresa sin ánimo de lucro formada por voluntarios, son grandes colaboradores de la investigación genealógica genética que cargan sus datos en la base GEDmatch (J. Ge, 2020).

- FamilyTreeDNA

FamilyTreeDNA (FTDNA) es una empresa comercial de pruebas genéticas que comparte información con EEUU, pese a que su homólogo europeo aún no lo lleva a cabo en la UE (Ram y Roberts, 2019). Esto último se debe a las implicaciones relacionadas con el Reglamento General de Protección de Datos de la Unión Europea, por el cual todos los usuarios europeos fueron excluidos en un inicio de dicha aplicación a menos que, posteriormente, el propio usuario lo solicite (Ram y Roberts, 2019; Samuel y Kennett, 2020a). FTDNA presenta una de las mayores bases de datos privadas de DTC.

Desde marzo 2019, la base de datos concede información genética en casos específicos como un fallecimiento, autor de un homicidio, secuestro o agresión sexual; siempre y cuando el usuario haya permitido participar en tal aplicación de coincidencia en el momento de la carga de sus datos (Hazel y Slobogin, 2021; Kennett, 2019; Kling et al., 2021). Así, en su propia página web, en el apartado FAQs (en español, preguntas frecuentes) la base de datos establece que, el usuario sólo y únicamente podrá aparecer en la lista de coincidencia en caso de ser un pariente del ADN cargado por las Fuerzas y Cuerpos de Seguridad o en caso de coincidencia al mismo nivel con esta (posible sospechoso) (FamilyTreeDNA [FTDNA], s.f.).

- DNASolves

En 2019 fue creada DNASolves, una herramienta de almacenamiento y análisis de datos cuya aplicación principal es la identificación de posibles perfiles sospechosos. Esta base de datos aún está en periodo de desarrollo, sin embargo, se sabe que su aplicabilidad es únicamente individual; es decir, no permite la búsqueda familiar, sino que almacena los datos proporcionados por los usuarios de forma aislada. Su finalidad es servir de ayuda en la investigación criminal (DNASolves, s.f.; Samuel y Kennett, 2020a, 2020b).

Para garantizar la imparcialidad de los datos recogidos en cualquiera de las bases de datos genealógicas, se utiliza un sistema numérico de identificación (ID) específico para cada usuario. Este será el modo en que se deberán introducir los perfiles genéticos y en que serán expuestos los resultados en la lista obtenida durante un análisis genético comparativo. Los datos disponibles públicamente se mostrarán ordenados según la coincidencia, detallando únicamente la información y estadísticas correspondientes a la semejanza con cada pariente (Erlich et al., 2018; Greytak et al., 2019).

Además de las anteriores bases de datos, existen otras compañías encargadas del almacenamiento de material genético que han sido recurridas en algunas ocasiones como herramienta genealógica forense. Entre ellas se puede destacar AncestryDNA, 23andMe y MyHertiage.

- MyHeritage

MyHeritage es una empresa de origen israelí que ofrece diversos servicios, entre ellos la realización de pruebas DTC (Skeva et al., 2020) y la realización de pruebas genéticas clínicas. La política de privacidad establecida permite a los usuarios la carga, descarga y eliminación permanente de datos personales de forma abierta (MyHeritage, 2020).

Pese a la compartición realizada en uno de los casos más emblemáticos de la investigación genética genealógica en un momento anterior a la actualización de sus términos y condiciones, la empresa mantiene el manejo de sus datos inaccesible a los miembros de seguridad con la finalidad de desazonar nuevamente a sus usuarios (Kling et al., 2021; MyHeritage, 2020).

Entre sus datos genéticos, la empresa contiene un registro trasferido por otras empresas como 23andMe, AncestryDNA y FTDNA.

- AncestryDNA

AncestryDNA es un software encargado de realizar búsquedas familiares mediante el estudio de las secuencias de ADN de alta densidad, es decir, SNP. Su objetivo es comprobar la ascendencia del usuario aportando resultados del origen del individuo en forma de estimador étnico (Mateen et al., 2021).

A su vez, esta empresa ofrece la posibilidad al usuario de crear su árbol genealógico y compartir su historia familiar de forma internacional de modo que pueda ser ampliado por otros miembros promoviendo una recopilación de antepasados y parientes ilimitada (Ancestry, 2021).

El sistema de procesamiento informático utilizado en esta empresa es Underlog, una adaptación de software BEAGLE, es decir, un algoritmo encargado de clasificar los datos SNP almacenados en secciones ordenadas en función de la coincidencia analizada de los segmentos de ADN compartidos. A su vez, Ancestry utiliza el algoritmo Timber encargado de estimar la frecuencia de los haplotipos[6] mediante la comparación de los segmentos con un sistema de

[6] Tal y como define el Instituto Nacional de Investigación del Genoma Humano (NIH, National Human Genome Research Institute), "un haplotipo es un conjunto de variaciones del ADN, o polimorfismos, que tienden a ser heredados juntos. Haplotipo se puede referir a una combinación de alelos o a un conjunto de polimorfismos SNPs que se encuentran en el mismo cromosoma". https://www.genome.gov/es/genetics-glossary/Haplotipo

referencia y beneficiando la identificación de segmentos más cortos y raros compartidos entre parientes de grado cercano (Kling et al., 2021).

En el ámbito forense, esta empresa mantiene sus datos de forma privada sin la posibilidad de optar al acceso a las Fuerzas y Cuerpos de Seguridad del Estado puesto que limitan el acceso de un perfil a la entrega de una muestra de saliva o esputo. Sin embargo, en ciertas ocasiones les ha sido solicitado por EEUU, mediante autorización judicial, la aportación de datos personales mediante el acceso a la base de datos de la propia empresa. Todas ellas quedan recogidas en un documento de transparencia en que informan a los usuarios de todos los detalles que conllevó cada una de las solicitudes (Ancestry, 2021; Kling et al., 2021).

- 23andMe

23andMe es una empresa de pruebas genéticas DTC cuya función es el análisis individual de ADN mediante el perfil SNP obtenido de una muestra de saliva del usuario (Mateen et al., 2021). En esta compañía destacan los servicios de seguimiento de la herencia genética, el desglose de la ascendencia, el porcentaje de ascendencia y la comparación del segmento compartido de ADN entre parientes (23andMe, s.f.). Pese a que el estudio del Cromosoma X ha sido utilizado anteriormente por más compañías, actualmente solo 23andMe incluye la información aportada por este entre sus técnicas para el desarrollo de los árboles genealógicos.

Del mismo modo a AncestryDNA, 23andMe establece en su política de privacidad la negación a aportar información a los miembros de seguridad y autoridades reguladoras, a excepción de orden judicial pertinente. También, incorpora un informe de transparencia en el cual se reflejan las numerosas peticiones recibidas, los países emisores de dicho requerimiento y los datos compartidos (23andMe,2021).

Pese a su labor individual, estas últimas empresas permiten a los usuarios la descarga y carga de sus datos en la base GEDmatch, de tal manera que de un modo indirecto ya se considerarían colaboradoras de la investigación genética genealógica (Skeva et al., 2020).

2.4. FUNDAMENTO GENÉTICO DE LAS BASES DE DATOS GENEALÓGICAS

Una vez analizadas las bases de datos en las que se puede realizar una investigación genética genealógica, resulta necesario conocer la base genética de las técnicas que podrán ser utilizadas en cada una de ellas. Para deducir una relación de parentesco entre dos o más individuos mediante el cotejo de su perfil genético se pueden utilizar el enfoque estadístico y el exploratorio. Con la finalidad de visualizar sus fundamentos y las diferentes técnicas utilizadas por los investigadores, se expone la siguiente Tabla 5.

Tabla 5. Fundamentos y técnicas de los enfoques utilizados para deducir relaciones de parentesco.

	Enfoque estadístico		**Enfoque explorativo**
Fundamento	Determinar el parentesco mediante la probabilidad del cociente entre frecuencias alélicas.	Fundamento	Determinar el parentesco mediante la observación de alelos o tramos alélicos compartidos mediante el uso de marcadores de SNP (Kling et al.,2021).
Autores		Autores	
(García, 2020; J. Ge, 2020; Kling et al., 2021; Kling y Tillmar, 2019)	Cociente de probabilidad LR	(Kling y Tillmar, 2019; Manichaikulet al., 2010)	Enfoque KING: basado en medidas idénticas por estado (IBS) para estimar la longitud total de segmentos genómicos compartidos.
(Thomson et al., 2020)	Estimar parentesco para pares de individuos mediante el enfoque demáxima verosimilitud (MLE)	(Purcell et al., 2007)	PLINK, un conjunto de herramientas C/C++ WGAS de código abierto
		(Manichaikul et al., 2010)	Coeficiente de Cotterman
		(B. L. Browning y Browning, 2013; S.R. Browning y Browning, 2010;Gusev et al., 2009;Henn et al., 2012)	Enfoque por segmentos de genotipos medio idénticos
		(Kling y Tillmar, 2019)	Enfoque del segmento. Basado en la medida en cM del segmento compartido por dos individuos idénticopor descendencia (IBD).

Fuente: Elaboración propia a partir de la información obtenida en los artículos mencionados.

Por un lado, la principal diferencia entre ambos enfoques se basa en el número de marcadores requeridos y, por tanto, en el número de SNP genotipados, lo cual podría resolverse con el uso de la imputación de los genotipos explicada en el capítulo IV.

Por otro lado, cuando más de un marcador se halla en el mismo cromosoma o en cromosomas diferentes a muy poca distancia la transferencia a la descendencia no se da de forma aleatoria, sino que lo hace de forma dependiente, transmitiéndose de forma conjunta y apareciendo con mayor frecuencia de lo que se observaría en una transferencia al azar. Este tipo de vinculación no independiente entre marcadores se denomina desequilibrio de ligamiento (LD). Ambos métodos requieren la consideración del LD en los casos en que aumenta el número de SNP. (Edge et al., 2017; Kling et al., 2021; Purcell et al., 2007). En el caso del enfoque del segmento, el propio modelo incluye el ajuste necesario. Sin embargo, al hacer uso del enfoque probabilístico, la falta de apreciación del LD puede suponer el resultado de individuos con falso parentesco en las listas de individuos emparentados (B. L. Browning y Browning, 2013; S. R. Browning y Browning, 2010; Kling et al., 2021).

El uso de la secuenciación del genoma completo (WGS), más allá de la técnica de microarrays, es otro modo de potenciar la calidad de la detección de coincidencias para establecer parentescos incluso en parientes de hasta ocho o nueve grados de lejanía (Al-Khudhair et al., 2015).

Kling y Tillmar (2019) realizaron un análisis comparativo para concluir con el enfoque más adecuado en el marco de una investigación forense. Tras exponer los beneficios e inconvenientes de cada enfoque, concluyeron con la combinación del enfoque de segmento junto con el probabilístico como metodología óptima para lograr disminuir la tasa de falsos positivos en la clasificación de perfiles genéticos.

No obstante, en las bases de datos genealógicas genéticas se utiliza el enfoque exploratorio basado en segmento. Este enfoque consiste en la medición del segmento de cada cromosoma compartido entre dos individuos mediante el uso de la unidad centimorgan (cM)[7]. De este modo, cuanto más lejana sea la relación familiar, es decir, a menor grado de parentesco, más eventos de recombinación se producirán, menor tamaño tendrán los segmentos de ADN compartidos y, por consiguiente, menor será el número de cM establecido en el análisis (Figura 1). Para poder asumir el parentesco entre dos individuos se estima un mínimo de longitud entre los 5 y 7 cM que evite considerar comparticiones de segmentos casuales como posibles allegados (Greytak et al., 2019).

---

[7] Tal y como define el Instituto Nacional de Investigación del Genoma Humano (NIH, National Human Genome Research Institute), "el centimorgan es la unidad que se usa para medir el grado de proximidad genética. Un centimorgan equivale a un 1% de probabilidad de que un marcador en un cromosoma sea separado de un segundo marcador sobre el mismo cromosoma debido al fenómeno de entrecruzamiento (crossing-over en inglés), en una sola generación. Equivale aproximadamente, un millón de pares de bases de una secuencia de ADN en el genoma humano". https://www.genome.gov/es/genetics-glossary/Centimorgan

Figura 1. Eventos de recombinación y relación de parentesco

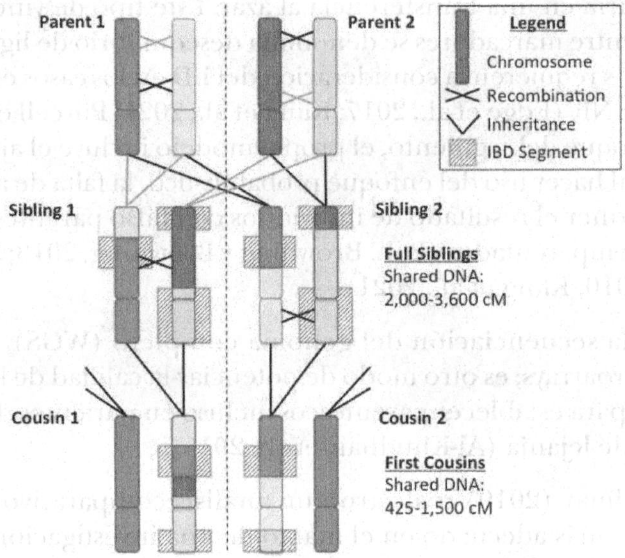

Nota. Ejemplo de la variabilidad genética producida tras el fenómeno de entrecruzamiento en un cromosoma de una generación a otra. El evento de recombinación conlleva la disminución de segmentos de ADN compartidos (zona encuadrada) con sus parientes. Adaptado de "Genetic genealogy for cold case and active investigations" (p.5), por Greytak et al., 2019, *Forensic Science International*, 299.

Pese a la recombinación antes mencionada, la cantidad de ADN heredada generación tras generación puede variar entre parientes del mismo grado, de manera que, no siempre es probable hallar segmentos compartidos entre primos terceros o cuartos.

A su vez, la iniciativa "Shared cM Project" proporciona rangos de relaciones ya conocidas dentro de los datos generales recogidos empíricamente y enviados por usuarios de DTC que facilitan la obtención de parentescos adecuados (Kling et al., 2021; Thomson et al., 2020).

2.5. CONJUNTOS DE DATOS ACEPTADOS POR LAS BASES GENEALÓGICAS FORENSES

Para poder hacer uso de las bases de datos genealógicas mencionadas, es necesario introducir en formato de archivo un conjunto de datos de genotipos SNP obtenidos de la muestra a analizar. Las herramientas de investigación genética forense utilizan principalmente tres técnicas para la obtención dichos kits de SNP a partir de ADN forense: microarrays, tecnologías de secuenciación del genoma completo (WGS) y secuenciación masiva en paralelo (MPS) (Ansell et al., 2021; J. Ge, 2020; Tillmar et al., 2020). Estas técnicas permiten la secuenciación del ADN, es decir, la ordenación de los nucleótidos y su almacenamiento en forma de librerías.

La técnica de microarrays de ADN consiste en la fijación de secuencias fragmentadas de ADN en una superficie en la que se lleva a cabo la hibridación de estas con sondas (secuencias de oligonucleótidos) complementarias marcadas con fluorescencia y diseñados para finalizar en la posición anterior al SNP del alelo analizado (Kling et al., 2021).

Las tecnologías de secuenciación del genoma completo (WGS) consisten en un proceso complejo de secuenciación del genoma completo de un individuo previo cizallamiento mediante técnicas como la sonicación. Dada la pequeña cantidad de ADN necesaria para su uso, esta técnica resulta óptima en el análisis de muestras degradadas (Kling et al., 2021).

La secuenciación masiva en paralelo (MPS) consiste en un método de Segunda Generación capaz de llevar a cabo un análisis de secuencias de un modo más rápido mediante el aislamiento y la fragmentación del ADN en pequeños segmentos y su posterior secuenciación masiva simultánea y dirigida. Para ello se utilizan cebadores específicos marcados que serán hibridados junto con los fragmentos de interés de forma paralela obteniéndose así millones de lecturas cortas de la muestra de ADN (De Knijff, 2019; Kling et al., 2021).

Pese a ser consideradas idóneas para el análisis de ADN, existen diferencias que las hacen más o menos aptas para el análisis genético forense. Las características principales que definen y distinguen la aplicabilidad de cada una de ellas se resumen en la Tabla 6.

Tabla 6. Características de las principales técnicas de secuenciación a nivel forense.

	Tecnología de microarrays	**Técnicas de secuenciación del genoma completo (WGS)**	**Tecnologías de secuenciación masiva en paralelo (MPS)**
Fundamento	Hibridación de secuencias fragmentadas de ADN de la muestra tintadas con fluorescentes con oligonucleótidos (sondas marcadas) unidos a una superficie o a perlas.	Secuenciación del genoma completo de un individuo a partir de fragmentos muy pequeños de una muestra de ADN.	Secuenciación dirigida de fragmentos de interés (conjunto de marcadores) de una muestra de ADN mediante la captura de la hibridación entre la sonda y la secuencia relevante.
Cantidad de ADN necesaria	100-200 ng	Desde 1 ng	Desde 1 ng

	Tecnología de microarrays	**Técnicas de secuenciación del genoma completo (WGS)**	**Tecnologías de secuenciación masiva en paralelo (MPS)**
Principales sistemas de secuenciación	- GSA[8] y CytoSNP (Illumina[9]) - AffymetriX (Thermo FisherScientific[10]).	- HiSeq y NovaSeg (Illumina)	- MiSeq y NextSeq (Illumina) - GeneStudio (Thermo FisherScientific).
Ventajas	- Bajo coste - Facilidad de llamada de variantes	- Mayor rendimiento de lectura de nucleótidos - Mayor sensibilidad, por tanto, buena aplicabilidad en muestras degradadas - No requiere cebadores o sondas específicas	- Solo genotipa secuencias relevantes - Gran capacidad de multiplexación[11] - Apto para todo tipo de muestras
Desventajas	- Requiere gran cantidad de muestra - Requiere ADN de calidad	- Alto coste - Alta carga de trabajo computacional - No apto para ADN nuclear	- Requiere del diseño de las sondas específicas para cada secuencia relevante.
Aplicación genealógica forense	Sí Técnica principal de Parabon Nanolabs y Bone Technology	Sí. Principalmente en la identificación de individuos desaparecidos o desconocidos. Técnica principal de DNA Doe Project	Sí

Fuente: Elaboración propia a partir de la información obtenida en (De Knijff, 2019; J. Ge, 2020; Kennett, 2019; Kling et al., 2021; Tillmar et al., 2020).

Cabe destacar que el análisis de SNP mediante las técnicas de microarrays y WGS no es una herramienta validada para su aplicación en laboratorios forenses. Sin embargo, es considerada en este tipo de investigaciones dado que se lleva a cabo únicamente en los laboratorios de genealogía genética (J. Ge, 2020). En consecuencia, se realizan estudios paralelos de secuencias STR con objeto de confirmar los resultados obtenidos y poder aportarlos de forma apta, junto con sus correspondientes métodos estadísticos, ante una identificación o vínculo entre sospechoso y escena del crimen en un juicio oral (Kling et al., 2021).

8 GSA Global Screening Array.

9 Illumina es una compañía estadounidense y líder mundial en la generación de sistemas de secuenciación y estudios diversos para el análisis genómico y clínico. https://www.illumina.com/

10 Thermo Fisher Scientific es una empresa y líder mundial en servicios a nivel científico, clínico y farmacéutico. https://corporate.thermofisher.com/us/en/index.html

11 La multiplexación genética consiste en identificar y procesar múltiples fragmentos generados en una amplificación de manera simultánea, sin necesitar procedimientos individuales. http://iesdiagnostics.es/multiplexacion/

CAPÍTULO III. MARCO NORMATIVO

3.1. ÁMBITO INTERNACIONAL

a. *Convenio relativo a la profundización de la cooperación transfronteriza, en particular en materia de lucha contra el terrorismo, la delincuencia transfronteriza y la migración ilegal, hecho en Prüm Tratado de Prüm, el 27 de mayo de 2005* (en adelante, el "Convenio" o el "Tratado de Prüm")

El Tratado de Prüm, que ha sido suscrito por siete estados miembros de la UE –entre los que se encuentra España–, regula la cooperación entre las autoridades policiales y judiciales en la lucha contra el terrorismo, la delincuencia transfronteriza y la inmigración ilegal en cuanto al intercambio de información se refiere. Su principal finalidad es promover y automatizar el intercambio de información mostrando el acceso y disponibilidad de los datos almacenados en las bases de datos de cada Estado al resto de los Estados integrantes *ex* art.3 (*Consulta automatizada de los perfiles de ADN*).

El art. 2 del Tratado de Prüm (*Creación de ficheros nacionales de análisis del ADN*) establece que el tratamiento de los datos almacenados se realizará en función del derecho interno vigente para cada tipo de tratamiento, garantizando la disposición de índices de referencia relativos a los datos contenidos en los ficheros nacionales de análisis del ADN. Asimismo, la información registrada en dichos ficheros contiene exclusivamente perfiles de ADN no codificante cuyas características personales identificables sean acordes con el marco legal a nivel nacional (*vid.* III.2 Ámbito nacional).

La comparación automatizada de los perfiles de ADN y la transmisión de otros datos de carácter personal se disponen en los arts. 4 y 5 del Tratado de Prüm.

Por otro lado, en el Convenio se hace constantemente hincapié en la necesidad de realizar procedimientos acordes con el derecho interno del Estado miembro que requiera de dicha actividad.

Además, el Pleno de la Comisión Nacional para el Uso Forense de ADN, acordó el 29 de noviembre de 2011, a propuesta de la Comisión Técnica Permanente, la implementación de doce (12) marcadores STR para llevar a cabo el intercambio de datos de ADN entre las bases de datos de cada Estado miembro de la UE, establecido anteriormente por la resolución del Consejo de Europa 2009/C 296/01, de 30 de noviembre, relativa al intercambio de resultados de análisis de ADN. Estos son D1S1656, D2S441, D3S1358, FGA, D8S1179, D10S1248, TH01, vWA, D12S391, D18S51, D21S11 y D22S1045. Pese a ello, la Comisión Nacional para el Uso Forense del ADN en España señala que actualmente se analizan hasta veintiún (21) marcadores de STR de forma simultánea en el análisis de una muestra.

Actualmente, el medio utilizado para el intercambio de la información entre los diferentes Estados es la pasarela de ADN de INTERPOL. Esta pasarela no incluye datos personales vinculantes, sino perfiles de acuerdo con la legislación interna nacional con los que llevar a cabo un cotejo.

b. *Reglamento UE 2016/679, del Parlamento Europeo y del Consejo, de 27 de abril de 2016, relativo a la protección de las personas físicas en lo que respecta al tratamiento de datos personales y a la libre circulación de estos datos* (en adelante, el "Reglamento UE 2016/679")

El Reglamento UE 2016/679 establece el correcto tratamiento de datos personales. Sin embargo, para su directa aplicación a los procesos penales se requiere acudir a la Directiva 2016/680.

c. *Decisión 2006/615/JAI, de 23 de junio de 2008, sobre la profundización de la cooperación transfronteriza, en particular en materia de lucha contra el terrorismo y la delincuencia transfronteriza* (en adelante, la "Decisión 2006/615/JAI")

Mediante la Decisión 2006/615/JAI, el resto de los Estados de la UE se han incorporado al procedimiento establecido por el Tratado de Prüm.

d. *Resolución, Decisión, y ejecución de la Decisión 2008/615/JAI del Consejo, de 23 de junio de 2008, sobre la profundización de la cooperación transfronteriza, en particular en materia de lucha contra el terrorismo y la delincuencia transfronteriza.*

e. *Decisión Marco 2009/905/JAI del Consejo, de 30 de noviembre de 2009, sobre acreditación de prestadores de servicios forenses que llevan a cabo actividades de laboratorio*

f. *Decisión UE 2019/1187, de 6 de junio de 2019, relativa a la firma, en nombre de la Unión Europea, y a la aplicación provisional de determinadas disposiciones del Acuerdo entre la Unión Europea y al Confederación Suiza para la aplicación de determinadas disposiciones de la Decisión 2008/615/JAI del Consejo y de la*

Decisión Marco 2009/905/JAI del Consejo (en adelante, la "Decisión UE 2019/1187")

La Decisión UE 2019/1187 fomenta la cooperación policial transfronteriza mediante la mejora del intercambio de información entre los Estados miembros y la Confederación Suiza a través de un sistema que permite saber si el dato se halla o no en la base consultada (sistema "hit-no hit"), y su posterior petición de acuerdo con las Decisiones anteriormente mencionadas.

g. *Recomendación (92) 1, de 10 de febrero de 1992, del Comité de Ministros del Consejo de Europa*

La utilización de los resultados del análisis realizado a partir de datos registrados en estos ficheros en el marco del sistema de justicia penal viene regulada en la Recomendación (92)1.

3.2. ÁMBITO NACIONAL

a. *Constitución Española* (en adelante, la "CE")

La CE entre los derechos fundamentales, reconoce el derecho a la intimidad personal. En particular, los apartados primero y cuarto, del art. 18, disponen que:

> "1. Se garantiza el derecho al honor, a la intimidad personal y familiar y a la propia imagen.
>
> (...)
>
> 4. La ley limitará el uso de la informática para garantizar el honor y la intimidad personal y familiar de los ciudadanos y el pleno ejercicio de sus derechos".

b. *Ley orgánica 10/2007, de 8 de octubre, reguladora de la base de datos policial sobre identificadores obtenidos a partir del ADN* (en adelante, la "LO 10/2007")

Por su parte, el derecho a la intimidad personal también ha sido objeto de desarrollo orgánico. Así pues, el art. 2 de la LO 10/2007, dispone que la base de datos policial de identificadores obtenidos a partir del ADN dependerá del Ministerio de Interior, por medio de la Secretaría de Estado de Seguridad. Por su parte, la precisión del consentimiento informado del afectado para la inscripción en la base de datos policial de los identificadores obtenidos a partir de su ADN se regula en el art. 3 de la LO 10/2007.

A su vez, estos identificadores únicamente podrán ser inscritos en la base de datos policial, en el marco de una investigación criminal, cuando la información genética asociada sólo exponga la identidad de la persona y su sexo *ex* art. 4 de la LO 10/2007 y art. 129 bis de la Ley Orgánica 10/1995, de 23 de noviembre, del Código Penal. La cesión a otros centros, Autoridades y Cuerpos externos y el uso de los datos contenidos en las bases de datos policiales vienen señalados en su art. 7.

Asimismo, en aras de garantizar la seguridad de los ficheros integrados en dichas bases de datos, el art. 8 de la LO 10/2007 determina su alto nivel de seguridad, de acuerdo con lo establecido en la Ley Orgánica 15/1999, de 13 de diciembre, de protección de datos personales.

c. *Ley Orgánica 3/2018, de 5 de diciembre, de Protección de Datos Personales y garantía de los derechos digitales* (en adelante, la "LO 3/2018")

La LO 3/2018 regula el tratamiento de los datos recogidos. En particular, su Disposición Transitoria Cuarta, dispone que, pese a estar derogada la LO 15/1999, de 13 de diciembre, de protección de datos personales, se mantiene en vigor el art. 22, regulador de los ficheros de las Fuerzas y Cuerpos de Seguridad. El mismo precepto establece el procedimiento a seguir en dichos ficheros desde su registro, recogida y fines de tratamiento, hasta la cancelación de los datos personales almacenados. Particularmente, el apartado segundo de dicho precepto señala el no requerimiento de consentimiento de los afectados en los supuestos que supongan la prevención de un peligro real para la seguridad pública, y el almacenaje de los datos de carácter personal en ficheros específicos en relación con el grado de fiabilidad. Por su parte, el apartado tercero exime de control legal a la recogida y tratamiento de los datos llevada a cabo por las Fuerzas y Cuerpos de Seguridad en casos de absoluta necesidad para una investigación concreta.

d. *Real Decreto de 14 de septiembre de 1882 por el que se aprueba la Ley de Enjuiciamiento Criminal* (en adelante, la "LECrim.")

El art. 363 de la LECrim., regula la realización de análisis químicos únicamente en caso de ser absolutamente indispensable para la investigación judicial y la recta administración de justicia. De tal modo que se permite al Juez de Instrucción solicitar la práctica de actividades que permitan la determinación de ADN según los principios de proporcionalidad y razonabilidad. De ser así el caso, se deberá informar al detenido de las consecuencias del consentimiento o rechazo de dicha práctica de diligencias ex art. 520.6, apartado c) LECrim.

Los Ministerios de Justicia y de Interior, tal y como expresa la Disposición Adicional Tercera de la LECrim., establecen que la regulación de la estructura, composición, organización y funcionamiento de la Comisión Nacional sobre el uso del ADN en términos forenses debe ser llevada a cabo por el Gobierno.

e. *El Real Decreto 1977/2008, de 28 de noviembre, por el que se regula la composición y funciones de la Comisión Nacional para el uso forense del ADN* (en adelante, el "RD 1977/2008")

El RD 1977/2008 regula la composición y las funciones de la Comisión Nacional para el uso forense del ADN. En concreto, los apartados a) al d) del art. 3, delimitan las siguientes funciones:

> "a) La acreditación de los laboratorios que estén facultados para contrastar perfiles genéticos en la investigación y persecución de delitos y la identificación de cadáveres o averiguación de personas desaparecidas; así como evaluar su cumplimiento y establecer los controles oficiales de calidad a los que deban someterse de forma periódica los mencionados laboratorios.
>
> (...) El establecimiento de criterios de coordinación entre los laboratorios a que se refiere a la letra anterior, así como el estudio de todos aquellos aspectos científicos y técnicos, organizativos, éticos y legales que garanticen el buen funcionamiento de los laboratorios que integran la base de datos policial sobre identificadores obtenidos a partir del ADN, como base de datos nacional de perfiles de ADN.
>
> b) La elaboración y aprobación de los protocolos técnicos oficiales sobre la obtención, conservación y análisis de las muestras, incluida la determinación de los marcadores homogéneos sobre los que los laboratorios acreditados han de realizar los análisis.
>
> c) La determinación de las condiciones de seguridad en su custodia y la fijación de todas aquellas medidas que garanticen la estricta confidencialidad y reserva de las muestras, los análisis y los datos que se obtengan de los mismos, de conformidad con lo establecido en las leyes".

Asimismo, el apartado e) del mencionado artículo, establece que:

> "e) El mantenimiento de relaciones de colaboración con los organismos de otros Estados responsables del análisis del ADN con fines de investigación y persecución de delitos y la identificación de restos cadavéricos o de averiguación de personas desaparecidas, sin perjuicio de las actuaciones que correspondan a los Ministerios de Justicia y del Interior en relación con dichas materias".

Por último, el art. 7 del RD 1977/2008, regula la composición y funciones de la Comisión Nacional señalando la posibilidad de solicitar la colaboración y asesoramiento de las bases de datos de ADN.

CAPÍTULO IV. USO DE LA GENEALOGÍA FORENSE COMO HERRAMIENTA DE BÚSQUEDA CRIMINAL

4.1. LA INVESTIGACIÓN GENÉTICA GENEALÓGICA (IGG)

Tras una Inspección Técnica Ocular en la que se recogen las muestras pertinentes, tiene lugar la extracción de ADN de manchas con interés forense. Una vez realizada la extracción, se obtienen los perfiles genéticos hallados y se procede al estudio comparativo con aquellos obtenidos de muestras indubitadas del sospechoso (en caso de ser posible su obtención) o mediante la introducción en la base de datos CODIS.

Una vez dentro del sistema, se realiza un cotejo genérico con la finalidad de hallar un perfil coincidente (Figura 2). En el caso de no obtener una coincidencia probatoria y confirmada la investigación a nivel genético habrá concluido. Si, por el contrario, no se alcanza dicho resultado, se podrá hacer uso de la búsqueda genealógica mediante la genealogía genética de investigación (Kennett, 2019).

La IGG es una herramienta de investigación criminal que permite obtener información con finalidad identificativa mediante el análisis y emparejamiento del perfil de SNP entre parientes y los datos aportados tras el estudio genealógico familiar. Los tres requisitos necesarios para un resultado eficaz en el uso de esta herramienta son:

i. Datos de genotipos SNP autosómicos a gran escala con números de marcadores de cientos de miles y disponibles a un precio asequible; ii. Grandes bases de datos de estos genotipos SNP de acceso público; y iii. Un sistema sencillo, pero bien fundamentado para comparar pares relacionados utilizando a gran escala estos datos SNP (Kling et al (2021, p.1-2).

Figura 2. Mapa conceptual del proceso de una investigación en su primera etapa.

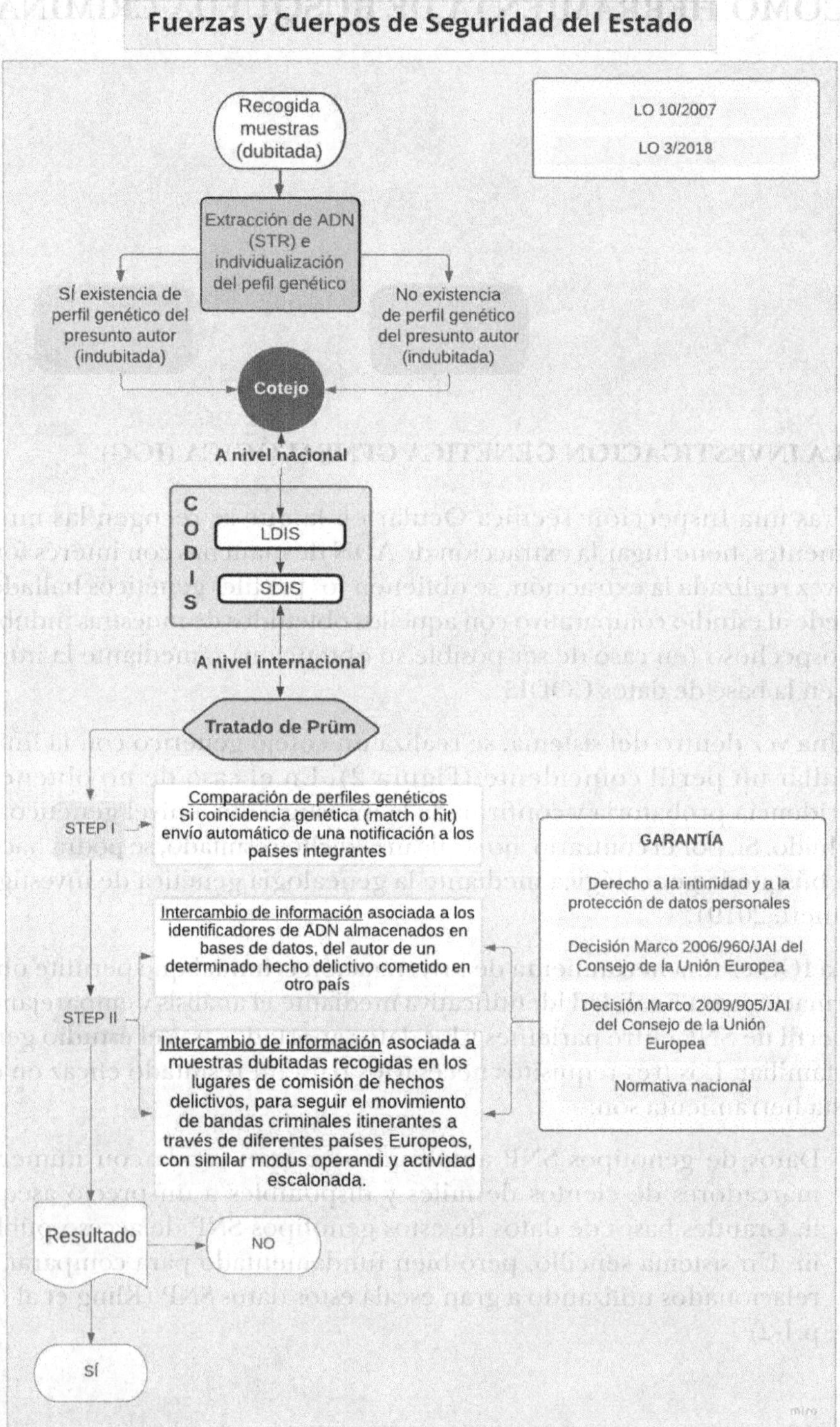

4.2. ETAPAS Y METODOLOGÍA DEL PROCESO DE LA IGG

La investigación genealógica genética se desarrolla según el proceso descrito a continuación (Greytak et al., 2019; Kling et al., 2021; Scudder et al., 2019; Thomson et al., 2019, 2020; Wickenheiser, 2019).

1. Cesión de la muestra de la escena a un laboratorio externo al de los Cuerpos y Fuerzas de Seguridad para el procesamiento y obtención del perfil SNP.
2. Introducción del perfil SNP de la muestra de la escena en las bases de datos genealógicas GEDmatch, FTDNA o DNASolves.

   En caso de recurrir a las bases de datos FTDNA y DNASolves, no será necesario el procesamiento previo a perfiles de SNP dado que dichas herramientas de búsqueda ya poseen un sistema propio encargado de generar dichos datos (Arnold, 2020).
3. Búsqueda en la base de datos genética genealógica de individuos relacionados mediante la comparación "uno a muchos" obteniéndose de este modo una lista de candidatos más cercanos.
4. Identificación de conjuntos de coincidencias, evaluando en cada caso la cantidad en cM de ADN compartido, para obtener perfiles de individuos con diversos grados de relación: primeros, segundos, terceros o lejanos (Figura 3).

Figura 3. Grados de parentesco en un pedigrí

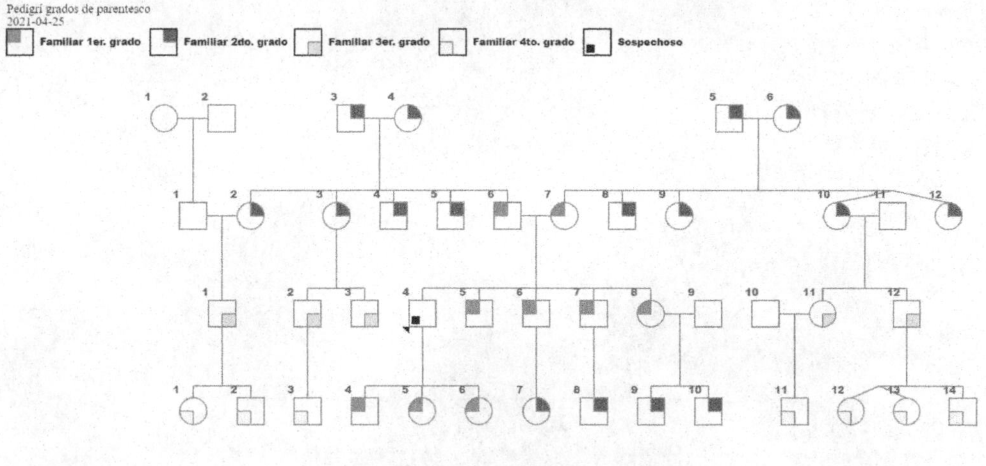

Nota. Pedigrí genérico donde se observan los diferentes grados de relación de un posible sospechoso. Fuente: Elaboración propia.

En el supuesto de hallar coincidencias en primos segundos la certeza de una identificación será mayor. Si, por el contrario, se hallan coincidencias con familiares más lejanos, se realizarán pruebas genealógicas adicionales, con previo consentimiento informado, con la finalidad de encontrar allegados más cercanos.

En este paso es necesario tener en cuenta los kits de herramientas que presente la base de datos genealógica elegida. Asimismo, asumir que la eficacia de la búsqueda está sujeta a la información proporcionada por el perfil coincidente y la calidad de dichas coincidencias.

5. Análisis por grupos. Estudio comparativo de las similitudes entre los perfiles seleccionados cotejando los *clusters*[12] de coincidencias relacionadas; y posterior búsqueda o construcción del árbol genealógico para hallar la pareja de ancestros común.
6. Investigación de la estirpe descendiente hasta el miembro más actual, incluyendo intersecciones secundarias entre los mismos, en base a cada coincidencia realizada por el genealogista (Figura 4).
7. Aportación de los resultados obtenidos en la investigación genealógica a los miembros de seguridad para la obtención y análisis de muestras de STR de los perfiles sospechosos.
8. Comprobación definitiva de la correlación entre el perfil genético del principal sospechoso y la muestra recogida en la propia escena para la posterior aportación de un posible autor de los hechos (Figura 5).

---

[12] En la terminología genética, un cluster es un conjunto o red de genes relacionados entre sí que se hayan en el ADN de cromosomas homólogos.

Figura 4. Mapa conceptual del proceso de una investigación y las etapas de la IGG.

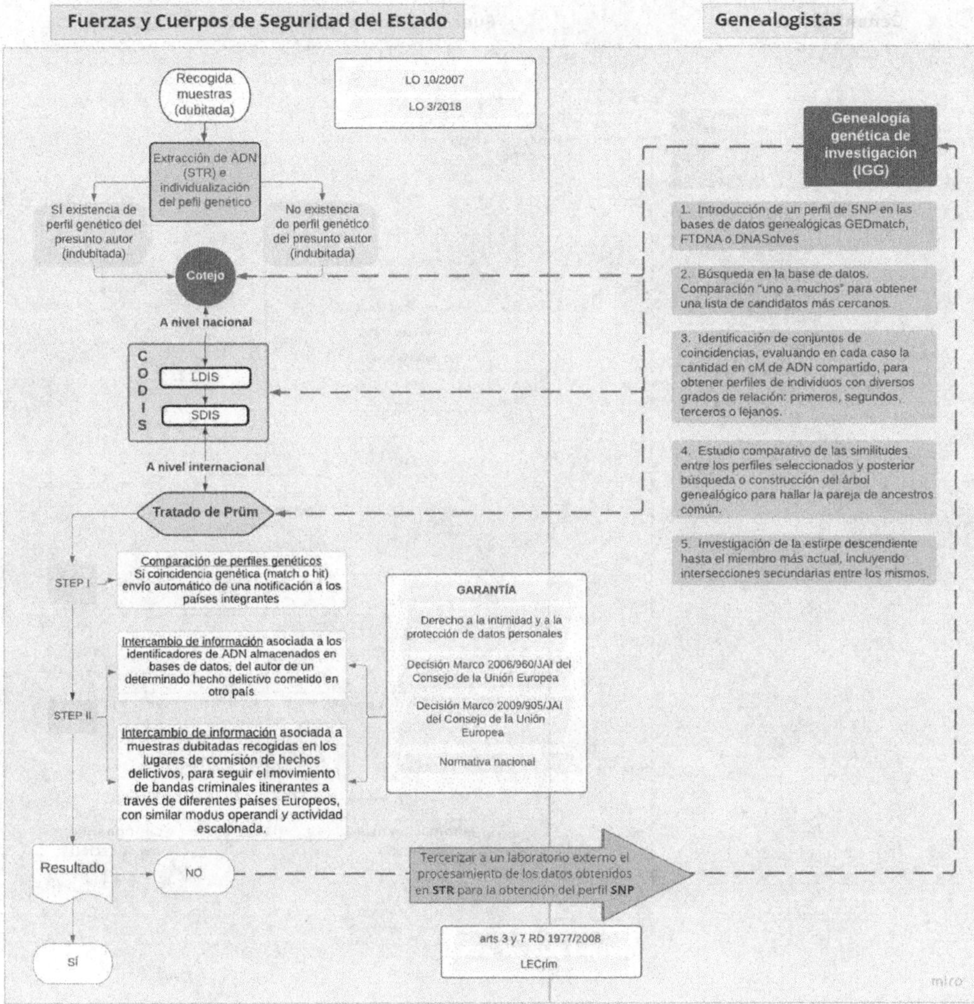

Figura 5. Mapa conceptual del proceso de una investigación y las etapas de la IGG.

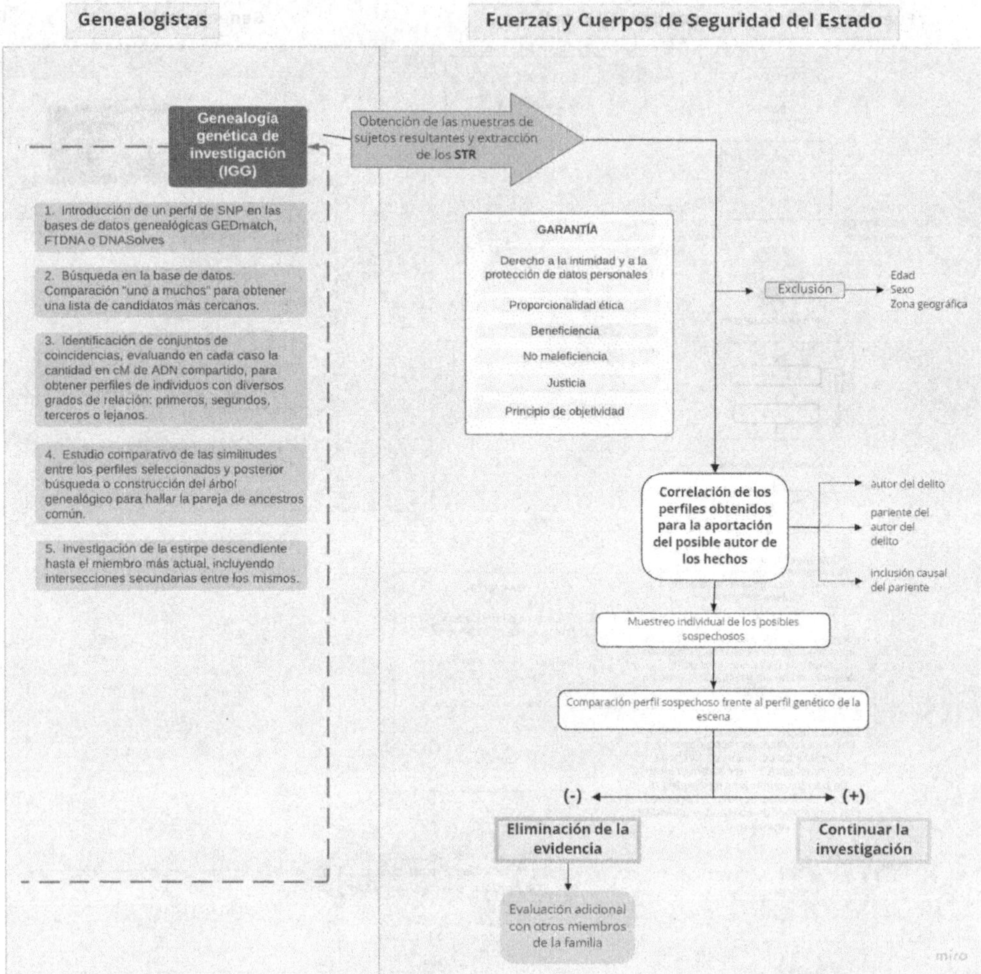

La fase limitante del proceso de la IGG es la búsqueda genealógica ya que el tiempo invertido en ella dependerá de la extensión familiar, datos genéticos registrados en la base de datos etc. (Kling et al., 2021; Phillips, 2018; Wickenheiser, 2019). Un posible modo de acelerar la construcción del árbol genealógico es el estudio auxiliar del ADN nuclear no autosómico correspondiente al Cromosoma Y y Cromosoma X paterno y el análisis del ADN mitocondrial, que permitirán establecer de un modo más directo linajes paternos y maternos, respectivamente (Greytak et al., 2019; Mateen et al., 2021).

a. Linaje materno.

El establecimiento del linaje materno es posible gracias al estudio del ADN mitocondrial. Esto se debe a su transmisión de forma unilateral a través del Cromosoma X materno.

Figura 6. Linaje materno del ADN mitocondrial (ADNmt).

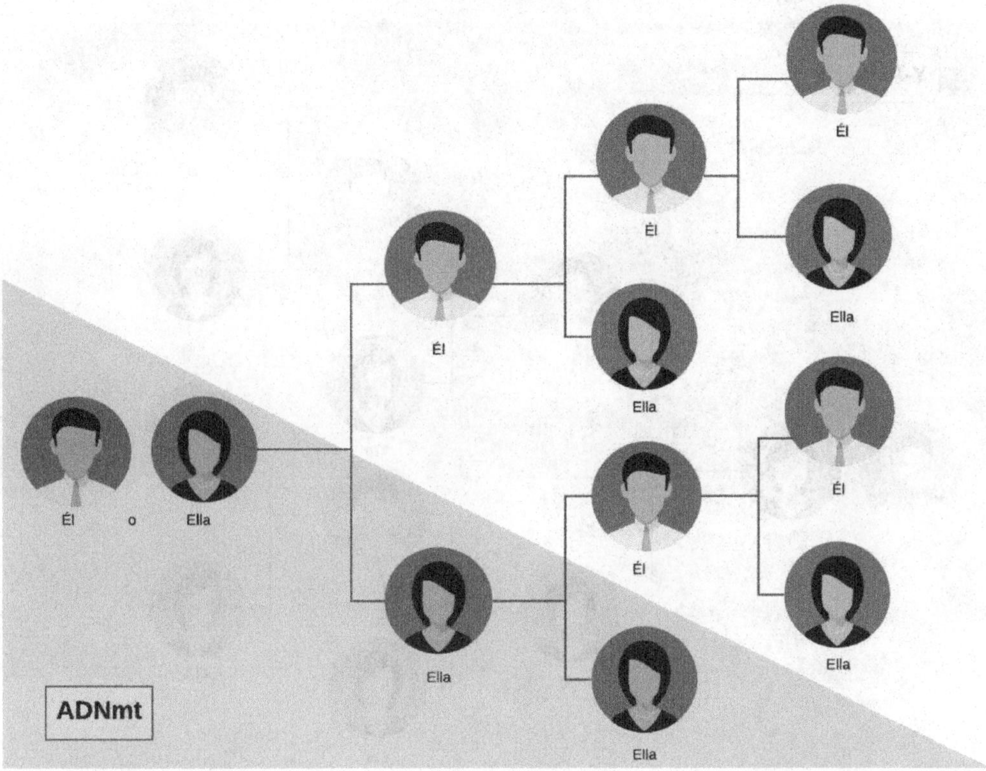

Nota. Pedigrí genérico donde se observa bajo la zona sombreada la transmisión de ADN mitocondrial. La línea que conecta los distintos niveles familiares representa la transmisión del ADN autosómico.

Pese a ser un estudio más laborioso que aquel realizado con el cromosoma Y, se considera un estudio auxiliar útil en la estimación de ancestros y descendientes en caso de no partir de todos los familiares de grado de parentesco más cercanos (J. Ge, 2020; Ministerio de Justicia, 2019).

b. Linaje paterno.

El estudio del parentesco mediante el cromosoma Y es el más habitual en genealogía genética. Se trata de un marcador que permite discernir entre el parentesco biológico y el social. El parentesco social de paternidad ocurre en situaciones familiares de falsa paternidad o en adopciones donde no existe una coincidencia genética coherente entre los individuos.

Figura 7. Linaje paterno del ADN del cromosoma Y (Y-ADN).

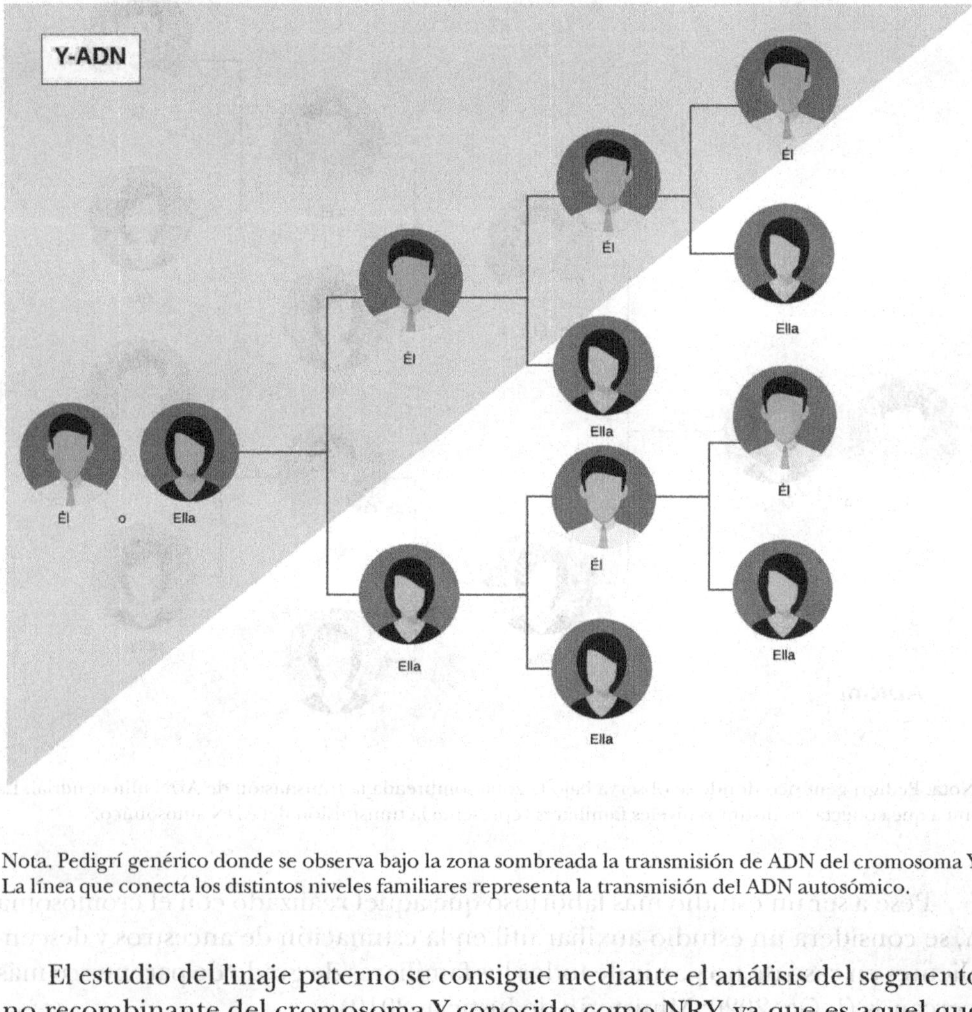

Nota. Pedigrí genérico donde se observa bajo la zona sombreada la transmisión de ADN del cromosoma Y. La línea que conecta los distintos niveles familiares representa la transmisión del ADN autosómico.

El estudio del linaje paterno se consigue mediante el análisis del segmento no recombinante del cromosoma Y conocido como NRY, ya que es aquel que será transmitido de forma íntegra a la descendencia. El NRY contiene al menos 65.000 SNPs (Y-SNP) y 4500 STR (Y-STR), lo cual permite un análisis preciso de la estirpe paterna (Calafell y Larmuseau, 2017; Jobling y Tyler-Smith, 2017; Wickenheiser, 2019). El hecho de utilizar el primer apellido del progenitor paterno, ha conllevado a considerar el estudio del Cromosoma Y como el análisis de mayor interés por parte de los genealogistas (Calafell y Larmuseau, 2017).

Sin embargo, no solo es importante la obtención de suficiente cantidad de información, sino que es preciso cerciorarse de la calidad de dichos resultados para orientar la investigación de forma óptima. Por tal razón, cada base de datos o agencia colaboradora evalúa la coincidencia genética y exporta una lista de resultados en función de la información almacenada, su accesibilidad y su procesabilidad. Esto es, según si procede de un país cuyos registros de material genético no son accesibles, si únicamente se halla el registro de un miembro de la unidad familiar cuyo linaje es desconocido o de difícil indagación etc. En particular, Parabon aporta información en base a la mayor o menor probabilidad de identificación clasificando las muestras en cinco niveles: probabilidad muy alta, alta, media, baja o muy poco probable (Greytak et al., 2019).

A su vez, los resultados obtenidos durante el transcurso de la IGG se someten a ciertos criterios de exclusión con la finalidad de agilizar y facilitar el estudio genealógico final. En un principio, la selección de perfiles se basa únicamente en el cotejo genético. Sin embargo, una vez obtenida la lista de posibles parientes se descartan aquellos cuyo rango de edad, sexo y zona geográfica no corresponde con la información extraída de las evidencias del caso en cuestión (Erlich et al., 2018; Henn et al., 2012; Schneider et al., 2019; Tëtushkin, 2011).

Para garantizar la efectividad del proceso y confirmar los resultados obtenidos, los genealogistas supervisan de forma semanal los casos investigados a fin de incluir las coincidencias genéticas correspondientes a los usuarios registrados en un momento posterior a la búsqueda inicial (Greytak et al., 2019).

4.3. EMPLEO DE LA IGG EN MEZCLAS DE ADN

En el área forense, es posible hallar una muestra donde el ADN genotipado corresponda a una mezcla. Esto ocurre en casos en que los resultados del análisis de la muestra recibida muestran la presencia de tres o más alelos en un mismo *locus* o marcador conocido. El principal inconveniente de este supuesto es el valor probatorio de dicha muestra estimado a nivel jurídico, ya que puede suponer tanto la presencia de más de un sospechoso, como la posible contaminación durante el procesado de la muestra.

Lo primero que se debe realizar en estos casos es una identificación del número de perfiles genéticos o individuos posibles y una estimación de la proporción de muestra de cada uno presente en la mezcla y, así, poder estudiar las combinaciones de genotipos posibles. Este último paso podría realizarse mediante un enfoque estadístico según si nos encontramos ante una mezcla de ADN de genotipo homocigótico (formado por un par alélico idéntico de un mismo gen ancestral) o heterocigótico (formado por dos alelos diferentes de un mismo gen ancestral).

En caso de ser una mezcla homocigótica se podrá concluir con la homocigosidad del autor. Si, por el contrario, nos encontramos dos genotipos mixtos, se requiere de un estudio más detallado en el que considerar la posibilidad de encontrarnos ante un autor homocigoto u heterocigoto, así como, estudiar el segundo perfil genético. En este segundo caso, la especificidad a la que se somete el estudio favorece la obtención de menos falsos positivos en la búsqueda de individuos relacionados. No obstante, tomar como referencia el estudio de mezclas heterocigóticas para el éxito de esta herramienta puede conllevar aumentar innecesariamente el número de falsos negativos (Kling et al., 2021).

4.4. LIMITACIONES EN LA INFERENCIA DEL PARENTESCO

El proceso de genotipado de una muestra con ADN degradado o de baja calidad supone la obtención de un perfil genético incompleto. Esto ocurre debido a la falta de solapamiento de los SNPs genotipados, de modo que, se observan "huecos" que no hacen posible la búsqueda en la base de datos. La imputación genética es una técnica óptima para solventar esta problemática.

La imputación de genotipos consiste en predecir los fragmentos de SNP no genotipados mediante el perfil genético de ancestros lejanos. Tras varias generaciones, los segmentos cortos de ADN compartidos se conservan al heredarse de manera conjunta formando grupos, lo cual se conoce como desequilibrio de ligamento (LD). Los altos niveles de LD junto con las bajas tasas de recombinación en fragmentos cromosómicos de tan pequeño tamaño resultan en un porcentaje alto de coincidencia genética entre familiares. Así, realizando un cotejo entre los perfiles de los individuos y sus ancestros de referencia se identifican los segmentos desconocidos. Para la predicción es necesario, en un primer lugar, obtener los haplotipos de dichos segmentos a través de métodos de desfase informáticos capaces de realizar una estimación probabilística de su conformación (Edge et al., 2017; Kling et al., 2021; Marchini y Howie, 2010). Una vez obtenidos, se predice el genotipado del segmento a partir de los antepasados con haplotipos coincidentes (Figura 8). Esta técnica presenta ciertos inconvenientes que limitan su rendimiento y que podrían controlarse mediante diversos paneles de referencia (Ansell et al., 2021; Kling et al., 2021), como el Proyecto 1000 Genomas (Auton et al., 2017).

Figura 8. Imputación genética.

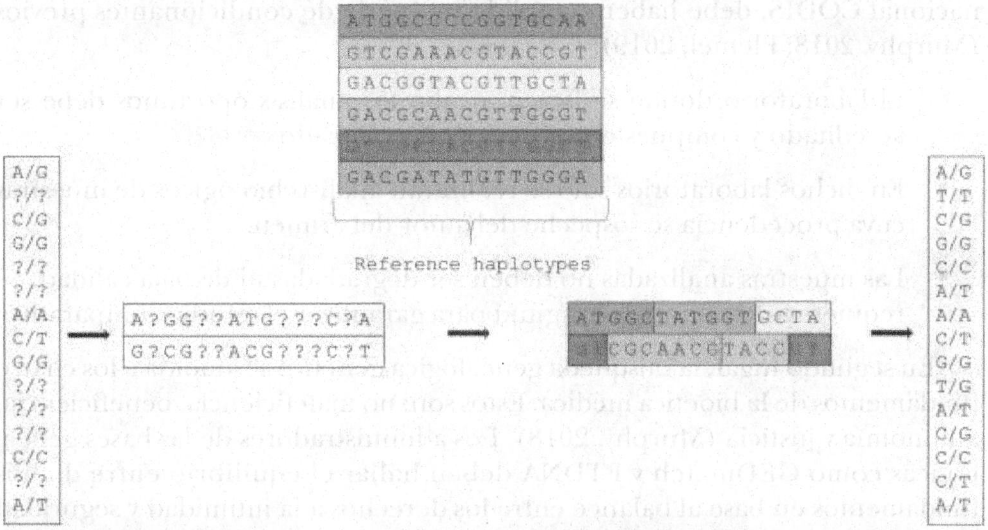

Nota. Representación del mecanismo de imputación genética. Se obtiene el haplotipo de la muestra original del perfil de SNP (izquierda) y se predicen los segmentos conocidos mediante métodos informático de estimación probabilística a partir de los haplotipos obtenidos de perfiles genéticos de sus ancestros (haplotipos de referencia). Adaptado de "Investigative genetic genealogy: Current methods, knowledge and practice" (p.20), por Kling, D. et al., 2021, *Forensic Science International: Genetics*, 52.

A su vez, esta nueva herramienta ha desembocado en una disparidad diversa a aquella habitual en la investigación criminal, la disparidad racial. Frente a las desigualdades relativas a los datos genéticos almacenados en las bases de datos de ADN forense, el uso de bases de datos genealógicas aporta resultados probabilísticos acordes al porcentaje de perfiles genéticos registrados de una u otra población (Erlich et al., 2018; Greytak et al., 2019; Murphy, 2018; Ram et al., 2019; Terry y Caffet, 2020).

De este modo, tal y como establece el modelo de genética de poblaciones realizado por Erlich et al. (2018), si la base de datos presenta al menos un 2% de datos de una población específica, la garantía de hallar en la misma un primo tercero a la hora de realizar el análisis comparativo es prácticamente indudable.

4.5. REGULACIÓN DEL USO DE LA INVESTIGACIÓN GENEALÓGICA GENÉTICA

La búsqueda genealógica forense es un recurso con grandes interrogantes y preocupaciones ético-legales. La actual necesidad de una regulación propia conlleva una práctica guiada por la normativa aislada de cada uno de sus componentes, la búsqueda genética genealógica y la investigación criminal (Plemel, 2019). Por tanto, para determinar la casuística en la que debe aplicarse y bajo qué requisitos deben observarse diferentes ordenamientos.

En primer lugar, para que una muestra pueda ser introducida en el sistema nacional CODIS, debe haber cumplido una serie de condicionantes previos (Murphy, 2018; Plemel, 2019):

- El laboratorio donde se lleven a cabo los análisis oportunos debe ser acreditado y compuesto por personal cualificado.
- En dichos laboratorios solo se realizarán análisis biológicos de muestras cuya procedencia se sospeche del autor del crimen.
- Las muestras analizadas no deben ser degradadas ni de baja calidad. Se requiere un mínimo de longitud para garantizar el estudio comparativo.

En segundo lugar, la búsqueda genealógica genética se amolda a los cuatro fundamentos de la bioética médica. Estos son: no maleficiencia, beneficiencia, autonomía y justicia (Murphy, 2018). Los administradores de las bases genealógicas como GEDmatch y FTDNA deben hallar el equilibrio entre dichos fundamentos en base al balance entre los derechos a la intimidad y seguridad ciudadana para permitir el acceso de sus datos a miembros de seguridad. Esto es, establecer la casuística en la que prevalece la seguridad pública ante la gravedad de los hechos frente a la privacidad de los ciudadanos en casos en los que las técnicas tradicionales son suficientes (Scudder et al., 2019; Wickenheiser, 2019). Dado que la investigación forense se basa en los principios de objetividad y proporcionalidad, un punto en consonancia entre los criterios de ambas herramientas es la aplicación de la IGG en los delitos más graves una vez culminado el intento por la metodología habitual (Wickenheiser, 2019).

En tercer lugar, la lista de candidatos obtenida tras la búsqueda genealógica destinada a la investigación penal será antes supervisada con la finalidad de cerciorar que el grado de parentesco es correcto y no se trata de una posible coincidencia por causalidad (Murphy, 2018; Scudder et al., 2019).

En cuarto lugar, la obtención de evidencias para el estudio comparativo de descarte de perfiles genéticos llevada a cabo por los miembros de las Fuerzas y Cuerpos de Seguridad debe realizarse mediante recursos ordinarios (públicos o policiales), evitando la recogida subrepticia e intrusiva de muestras (Hazel y Slobogin, 2021; Murphy, 2018).

En definitiva, no existe una regulación específica para el empleo de la IGG (Samuel y Kennett, 2020b; Syndercombe Court, 2018); sin embargo, el procedimiento presenta una serie de restricciones que, pese a no ser establecidas para el propio proceso de este tipo de investigaciones, pueden impedir el provecho adverso de la búsqueda genealógica forense y optimizar su utilidad (Murphy, 2018).

A partir de dichas restricciones, Scudder (2019) propone dos regulaciones posibles: la regulación del acceso a la información genética y el correspondiente uso de los datos obtenidos; o el desarrollo de un modo de solicitud a la comunidad de genealogistas, ya sea con una orden judicial o petición justificada, a partir de la cual se sopese la viabilidad del acceso a la base de datos genealógica.

4.6. INTERCAMBIO DE INFORMACIÓN GENÉTICA OBTENIDA A NIVEL INTERNACIONAL

El Tratado de Prüm, el "Convenio del Consejo de Europa para la protección de los niños contra la explotación y el abuso sexual" ratificada en España el 22 de julio del 2010 (Jiminián, 2015) y el Código Penal describen la posibilidad de que las bases de datos gubernamentales compartan información de modo trasnacional con la finalidad de garantizar la máxima cooperación en casos que engloban delitos graves, asesinos en serie, determinación de pautas de delitos en perfiles criminales etc. (Amankwaa, 2020) (Ministerio de Interior, 2020) (Jiminián, 2015).

En el caso de la IGG, la información accesible mediante bases de datos civiles incluye datos que relacionan a parientes de diversas nacionalidades. La última etapa del proceso incluye el análisis y comparación de la información obtenida tras la búsqueda genealógica en bases de datos y la obtención de muestras que puedan ser cotejadas con los indicios hallados en la escena. Tanto GEDmatch como FTDNA incluyen información transnacional, lo cual sugiere el recurso de esta normativa para la obtención y uso de datos genéticos foráneos.

Específicamente, el artículo 3 del Tratado de Prüm regula la consulta automatizada de los perfiles de ADN de modo que, el modo de acceder a datos genéticos vendrá establecido por el derecho del Estado que reciba la solicitud. Así, en caso de observar coincidencia genética, se compartirá la información necesaria con la parte solicitante, permitiendo así avanzar en la investigación.

CAPÍTULO V. APLICACIONES DE LA GENEALOGÍA FORENSE

Recientemente se han publicado diversos artículos en los que se realizan estudios o se documenta casuística relativa al uso de la IGG como herramienta de búsqueda criminal en Estados Unidos, Australia, China, Reino Unido y Suecia. Sin embargo, EEUU es el principal precursor de esta herramienta y donde mayor número de casos exitosos han sido publicados.

La información aportada por los artículos de revista y revisiones sistemáticas no expone datos pormenorizados de los diferentes casos, no obstante, se especifican los artículos periodísticos o noticias en que fueron publicados los hechos. El presente capítulo recoge el proceso seguido en los casos más destacados y que han servido de referencia para el desarrollo de esta emergente herramienta, mediante la lectura realizada en las fuentes descritas en la Tabla 7.

Tabla 7. Publicaciones acerca del uso de la IGG en diversos casos

Nombre del medio	Fecha	**Autor**	**Título de la noticia**
El País (EEUU)	9 junio, 2019	Pablo Guimón	Los genes de dos primos segundos llevan a un hombre al banquillo por un doble asesinato de hace 32 años.
CNN (Canal de Noticias estadounidense)	23 junio, 2018	CNN	ADN en una servilleta usada ayuda a resolver un caso de asesinato 32 años después.
NHPR(Radio pública nacional de New Hampshire)	5 junio, 2019	Jason Moon	Tres víctimas del asesinato de Bear Brook identificadas; El ciudadano detective y la genealogía genética proporcionan pistas clave.
ABC News (Compañía de radiodifusión estadounidense)	8 enero, 2019	Emily Shapiro	Un DJ admite el asesinato de un caso sin resolver tras ser vinculado mediante una novedosa técnica de ADN y pide perdón a la familia de la víctima en el juicio.
ABC News (Compañía de radiodifusión estadounidense)	7 julio, 2019	Emily Shapiro	"Un nuevo comienzo": Un hombre condenado por asesinato en los años 90 es exonerado gracias a la genealogía genética.

5.1. CASUÍSTICA CRIMINAL

En 2015, en el caso de Bryan Patrick Miller, apodado como el "Asesino del Canal", se reconoció por primera vez el uso de bases de datos genealógicas para la obtención de posibles sospechosos. La búsqueda fue utilizada por la policía de Arizona, que tras una segunda obtención subrepticia de muestras logró hallar evidencia suficiente para condenar al criminal (Phillips, 2018; Ram et al., 2019). Sin embargo, no fue publicada información suficiente y fiable sobre el proceso de investigación elaborado. No fue hasta 2018, cuando la investigación genealógica genética fue de nuevo utilizada y presentada como una próspera herramienta de identificación en EEUU.

a. Joseph James DeAngelo

Joseph James DeAngelo, también conocido como "The Golden State", Asesino del Colorado, es un criminal expolicía estadounidense de 75 años acusado de haber cometido aproximadamente 12 asesinatos y 50 violaciones entre los años 1970 y 1990 (DeLisi, 2018; Mason-Buck et al., 2020). Desde la primera muestra de semen obtenida de una de sus víctimas, se llevó a cabo una investigación sin éxito en la base de datos CODIS.

En 2018, 40 años más tarde, la genealogista Bárbara Rae-Venter, colaboradora del FBI, realizó una búsqueda familiar en la base de datos GEDmatch mediante el perfil SNP de la muestra de semen preservada. La búsqueda expuso como principal sospechoso un individuo completamente inocente, un primo lejano de Joseph DeAngelo. Sin embargo, mediante la toma de muestras y posteriores investigaciones el FBI pudo arrestar al Asesino del Colorado el 24 de abril de 2018 (Thomson et al., 2020; Wickenheiser, 2019). En 2020 fue sentenciado a cadena perpetua. Desde entonces, este caso se ha convertido en el principal ejemplo y base para el emprendimiento de la IGG.

b. William Earl Talbott II

William Earl Talbott II es un criminal de 57 años acusado de violación y doble homicidio de una pareja de jóvenes canadienses en 1987. La investigación comenzó con el análisis de una muestra de semen obtenida del cuerpo y ropa de la joven violada. Tras 30 años de búsqueda utilizando los recursos tradicionales de la policía y sin un sospechoso obtenido de base de datos CODIS, introdujeron el perfil genético de la muestra en la base genealógica GEDmatch. La búsqueda familiar de largo alcance aportó dos resultados a partir de los cuales fue posible buscar ancestros comunes, específicamente hasta los bisabuelos. A partir de estos, se realizó una investigación para lograr rastrear la descendencia.

Los resultados de la búsqueda mediante información obtenida de registros censales y archivos diversos desembocaron en un matrimonio con un único hijo, William Ear Talbott II. El perfil sospechoso del criminal era una mezcla de ADN procedente de los dos resultados obtenidos tras la primera etapa de la búsqueda. Una vez confirmada la coincidencia genética, el criminal fue detenido el 20 de mayo de 2018 (DeLisi, 2018; Guimón, 2019; Greytak et al., 2019).

c. Gary Hartman

Gary Hartman es un criminal estadounidense de 69 años, acusado de violación y asesinato de una menor en 1986. De igual modo a los casos anteriormente descritos, la policía comenzó con la investigación mediante las técnicas tradicionales con las cuales no fue posible resolver el caso (CNN, 2018; DeLisi, 2018; Greytak et al., 2019).

Una vez conocido el uso de la IGG y pasados 32 años, el perfil genético del sospechoso fue subido a la base de datos GEDmatch, de donde se obtuvieron dos coincidencias no relacionadas entre sí, de manera que se consideraron parentescos del perfil sospechoso procedentes de dos ramas familiares diferentes. Se construyeron los árboles genealógicos tras una búsqueda ascendiente y descendiente; sin embargo, no se halló un miembro común entre ambos árboles, con lo cual, la investigación partió de dos hermanos de una de las familias que habitaba cerca del lugar del delito (CNN, 2018; DeLisi, 2018; Greytak et al., 2019).

Tras el análisis de diversas muestras, registros etc., se comprobó la coincidencia geográfica de un supuesto primo, cuya cantidad de ADN común podría corresponder con los resultados obtenidos de la primera fase de la IGG. Debido a la cantidad inusual de ADN en común entre ellos, se decidió realizar un estudio de paternidad que permitió dirigir la investigación a uno de los hermanos. Finalmente, y gracias al cotejo con una muestra de ADN obtenida de una servilleta desechada por el sujeto, se identificó a Gary Hartman como el autor del crimen, siendo arrestado el 22 de junio de 2018 (CNN, 2018; DeLisi, 2018; Greytak et al., 2019).

d. Terry Peder Rasmussen

Terry Peder Rasmussen, conocido como "The Chameleon Killer", fue un criminal estadounidense acusado por los asesinatos de Bear Brook en 1970 y el secuestro de una menor de 5 años. La investigación fue realizada por dos vertientes diferentes. En un principio, se investigó el doble homicidio, del cual hasta 2017, gracias al uso de la IGG por la misma genealogista del caso de DeAngelo, Bárbara Rae-Venter, no fue posible realizar una correcta investigación dado el estado degradado del material genético obtenido de muestras de cabello. Pese a la dificultad de hallar ADN autosómico y gracias a una nueva técnica para el ensamblaje de fragmentos rotos de ADN de un laboratorio forense en California, la investigación fue llevada a cabo con éxito. De forma paralela, una mujer secuestrada denunciaba su caso mediante el "Proyecto Lisa" con la finalidad de hallar a su familia (Schwab et al., 2018). El resultado de ambas investigaciones permitió identificar al criminal Terry Peder fallecido en 2010 en prisión tras ser condenado por un delito diferente (Moon, 2019).

e. Raymond Charles Rowe

Raymond Charles Rowe es un criminal estadounidense de 52 años, acusado de agresión sexual y asesinato de una maestra de primaria en 1992. Tras una investigación sin resultado durante años, las muestras obtenidas del cuerpo de la víctima fueron sometidas a una investigación genealógica genética en mayo de 2018. El resultado de la búsqueda permitió identificar como principal sospechoso a un DJ de Pensilvania que trabajó en la escuela donde la víctima enseñaba, gracias al cotejo con el ADN extraído de un chicle y una botella de agua recogidos de forma subrepticia en una de las fiestas en las que pinchaba. Raymond Charles Rowe fue arrestado el 27 de junio de 2018 y condenado a cadena perpetua (DeLisi, 2018; Greytak et al., 2019; Shapiro, 2019).

f. Daniel Nyqvist

Daniel Nyqvist es un hombre sueco de 37 años, acusado por la comisión del doble asesinato de una mujer de 56 años y un niño de 8 años en 2004, y que padece un trastorno obsesivo que lo incita a matar sin premeditación a víctimas escogidas aleatoriamente. Durante las inspecciones oculares, los miembros de seguridad obtuvieron una gorra y un cuchillo de mariposa de los que se pudo extraer una mezcla de ADN correspondiente al presunto autor y las dos víctimas. El ADN desconocido del sospechoso fue analizado a través de la metodología tradicional nacional sin éxito (Ansell et al., 2021; Kling et al., 2021). A su vez, se trató de hallar coincidencia genética a nivel internacional a través del Tratado de Prüm.

En 2019, haciendo uso de la investigación genealógica genética y orientándose en el caso de DeAngelo, se aplicó la genealogía forense utilizando para la investigación los datos SNP. Los perfiles SNP fueron obtenidos del procesamiento de la muestra con las técnicas WGS y MPS. Se realizaron diversas búsquedas en bases de datos genealógicas (FTDNA, GEDmatch), sin embargo, no se obtuvieron resultados. Posteriormente, los genealogistas llevaron a cabo diversos estudios de datos SNP de Y-ADN y ADNmt de la muestra, las cuales permitieron a la investigación declinarse por un perfil de ascendencia europea, concretamente, del norte de Europa. De modo que, el área de investigación se centró en el interrogatorio de personas de dicho origen que podían aportar datos relevantes al caso. A partir de la información obtenida y el ADN cedido por varios voluntarios, se volvió a consultar en las bases de datos genealógicas, obteniéndose el pedigrí familiar de FTDNA (Ansell et al., 2021).

Tras diversos periodos de exclusión, la investigación desembocó en la consideración de dos hermanos como posibles sospechosos. La posterior labor de los miembros de seguridad condujo a uno de ellos, Daniel Nyvist, como el autor de los hechos. Un aspecto en común entre el caso del expolicía estadounidense y Daniel Nyqvist fue la confesión de sus cargos. En el caso de Nyqvist, él mismo afirmó su trastorno, por lo que fue ingresado en un centro psiquiátrico (Ansell et al., 2021).

El presente caso es el primer asunto resuelto fuera de EEUU y cuya metodología, inconvenientes durante el genotipado, autorización legal, consideraciones éticas y legales han sido publicadas de forma transparente en una revista científica, en particular, Forensic Science International: Genetics (Ansell et al., 2021).

Adicionalmente a los más de 100 casos resueltos mediante el uso de la IGG para la autoría de los crímenes (Thomson et al., 2020), esta nueva herramienta ha permitido reencaminar y favorecer la identificación de cadáveres o personas desconocidas. Ejemplo de ello, la investigación del cadáver de un individuo hallado en Suecia en 2003, conocido como "The Ekkeby man", en el que se obtuvieron sospechas acerca del origen e identificación tanto de la víctima como de su posible autor (Tillmar et al., 2020). Asimismo, en 2020 se identificó el cadáver de Lyle Stevik, un joven de 17 años cuyo suicidio tuvo lugar en 2001 (Katsanis, 2020).

A su vez, es importante destacar el caso de Christopher Tapp, en el cual la investigación genealógica forense permitió ponerle en libertar tras 20 años en prisión condenado por asesinato y violación (Erlich et al., 2018; Shapiro, 2019).

En definitiva, las diversas aplicaciones de la IGG engloban la resolución de casos de mayor riesgo como agresiones sexuales y homicidios, así como la identificación de cadáveres y demostración de inocencia.

A continuación, se presenta un listado de los casos más relevantes publicados desde 2018 hasta la actualidad, en los que la investigación genealógica genética ha resultado exitosa.

Tabla 8.A. Casos más relevantes resueltos mediante la IGG.

SUJETO IDENTIFICADO	TIPO DELICTIVO	FECHA PUBLICACIÓN	UBICACIÓN
Bryan Patrick Miller	Homicidio múltiple	2015	EEUU
Darold Wayne Bowden	Violación múltiple	2018	EEUU
Spencer Glen Monnett	Agresión sexual	2018	EEUU
Christopher Quinn Williams	Agresión sexual múltiple	2018	EEUU
Daarold Wayne Bowden	Agresión sexual múltiple	2018	EEUU
Marlon Michael Alexander	Agresión sexual múltiple	2018	EEUU
Roy Waller	Agresión sexual múltiple	2018	EEUU
Robert Ivan Nichols (Josep Newton Chandler III)	Desconocido	2018	EEUU
Michael W. deVaughn	Doble homicidio	2018	EEUU
William Earl Talbott II	Doble homicidio	2018	EEUU
Benjamin J. Holmes	Homicidio	2018	EEUU
David Mabrito	Homicidio	2018	EEUU
Edward Keith Renegar	Homicidio	2018	EEUU
Fred Lee Frampton, Jr.	Homicidio	2018	EEUU
James Otto Earhart	Homicidio	2018	EEUU
Jerry Lee	Homicidio	2018	EEUU
Jerry Lynn Burns	Homicidio	2018	EEUU
John Arthur Getreu	Homicidio	2018	EEUU
John Dale Miller	Homicidio	2018	EEUU
Luke Edward Flemig	Homicidio	2018	EEUU
Matthew Norman Dessault	Homicidio	2018	EEUU
Michael F.A. Henslick	Homicidio	2018	EEUU
Raymond Charles Hartman	Homicidio	2018	EEUU
James Richard Curry	Homicidio múltiple	2018	EEUU
Robert Eugene Brashers	Homicidio múltiple	2018	EEUU
Terry Peder Rasmussen (Chameleon Killer)	Homicidio múltiple	2018	EEUU
Joseph James DeAngelo (Golden State Killer)	Homicidio múltiple y agresión sexual	2018	EEUU
Fredrick Lee Frampton Jr	Homicidio y robo	2018	EEUU
Raymon Charles Rowe	Violación y homicidio	2018	EEUU
Gary Hartman	Violación y homicidio	2018	EEUU
Mason Hall	Agresión sexual	2019	EEUU
William L. Nichols	Agresión sexual	2019	EEUU
Brian Leigh Dripps	Agresión sexual y homicidio	2019	EEUU
Jerry Westrom	Agresión sexual y homicidio	2019	EEUU
Nickey Stane	Agresión sexual y homicidio	2019	EEUU

SUJETO IDENTIFICADO	TIPO DELICTIVO	FECHA PUBLICACIÓN	UBICACIÓN
Richard E. Knapp	Agresión sexual y homicidio	2019	EEUU
Kevin Konther	Doble agresión sexual	2019	EEUU
Jerry Walter McFadden	Homicidio	2019	EEUU
John Rusell Whitt	Homicidio	2019	EEUU
Russell Guerrero	Homicidio	2019	EEUU
Zachary Aaron Bunney	Homicidio	2019	EEUU
Theresa (Josten) Bentaas	Homicidio múltiple infantil	2019	EEUU
Vernon Parker	Homicidio	2020	EEUU
Daniel Nyqvist	Doble homicidio	2020	Suecia
SUJETO IDENTIFICADO	**CASO**	**FECHA PUBLICACIÓN**	**UBICACIÓN**
Marcia King	Identificación del cadáver, víctima de homicidio	2018	EEUU
Lyle Stevik	Suicidio	2018	EEUU
Christopher Tapp	Descubierta su inocencia	2019	EEUU
Louise Virginia Peterson Fleser	Identificación del cadáver, víctima de homicidio	2019	EEUU
Sandra Renee Morden	Identificación del cadáver, víctima de homicidio	2019	EEUU
The Ekebby man	Identificación del cadáver, víctima de homicidio	2020	Suecia

Nota. Se establece una distinción de la información publicada acerca de autor de diversos delitos (Tabla 8.A); y aquellos casos resueltos en materia diversas (Tabla 8.B). *Fuente:* Información obtenida en (DeLisi, 2018; Erlich et al., 2018; Greytak et al., 2019; Katsanis, 2020; Schwab et al., 2018; Tillmar et al., 2020).

CAPÍTULO VI. IMPACTO DE LA INVESTIGACIÓN GENEALÓGICA GENÉTICA

La búsqueda familiar es un método muy utilizado y, en absoluto desconocido para la sociedad. Sin embargo, son las nuevas aplicaciones en desarrollo las que causan temor y preocupación a los usuarios que han confiado sus datos genéticos a las bases de datos genealógicas encargadas de dicha búsqueda.

Hasta el año 2018, la búsqueda familiar se dividía según su finalidad en dos vertientes. De este modo, si se trataba de una búsqueda familiar en el desarrollo de una investigación criminal, la búsqueda se realizaba en la base de datos CODIS, en la cual la posibilidad de hallar familiares no alcanzaba más del primer o segundo grado de parentesco, véase, un hermano, un hijo, un padre o una madre, principalmente. Todo ello partiendo del hecho de haber sido registrado por la comisión de un hecho delictivo previo. Si, por el contrario, se trataba de una búsqueda familiar en aras de resolver una cuestión de paternidad o determinar la predisposición genética a una enfermedad, la búsqueda se realizaba en bases de datos genealógicas no gubernamentales donde el resultado de parientes no se ve limitado por el propio sistema, sino por la información registrada por los usuarios (Kling et al., 2021; Murphy, 2018).

Actualmente, la nueva aplicación de las bases de datos genealógicas, es decir, la realización de una IGG, incluye el uso de las últimas para ambas vertientes. La posibilidad de que una búsqueda familiar en términos forenses haga uso de los SNP pudiendo identificar un mayor conjunto de personas y, por lo tanto, exponga a un mayor número de inocentes (falsos positivos), supone un impacto ético y social en los diferentes sectores afectados: investigadores, genealogistas y usuarios (Murphy, 2018; Samuel y Kennett, 2020b).

6.1. IMPACTO SOBRE LOS INVESTIGADORES

Si bien es cierto que, tras las regulaciones marcadas por el Tribunal Supremo de EEUU, en las cuales se restringía el acceso a la información aportada por la ubicación del teléfono móvil (caso Carpenter (Ram, 2019)), por el correo electrónico u otra información digital sin previa orden judicial, el acceso policial a datos genéticos genealógicos limitado únicamente a la elección de un usuario no se considera una protección suficiente de la privacidad de los individuos. Sin embargo, los investigadores sugieren que regular el uso de los datos genéticos no forenses a búsquedas con sospecha es contraproducente para la finalidad de la IGG, cuyo objetivo es la obtención de indicios (Ram et al., 2019). En este sentido, pese a la emergente aplicación, la comunidad científica no considera excepcional esta nueva herramienta, sino una práctica forense más con la que avanzar en una investigación de mayor complejidad (Samuel y Kennett, 2020b).

Un modo más favorable de regulación propuesto en otros estados es el establecimiento de las circunstancias en las que recurrir a esta herramienta, como son aquellos delitos graves que suponen importantes problemas para la seguridad pública y que tras agotar las vías de investigación tradicionales permanezcan sin resolver (Ram et al., 2019; Wickenheiser, 2019).

6.2. IMPACTO SOBRE LOS GENEALOGISTAS

En un estudio realizado en el Reino Unido (Samuel y Kennett, 2020b), los encargados de llevar a cabo las búsquedas genealógicas mostraron una perspectiva generalmente colaboradora del uso de la IGG en aquellos casos penales graves y confianza en la labor policial durante el proceso de investigación. Pese a ello, destacó una preocupación general hacia el daño emocional que podía ocasionarse a los usuarios de sus respectivas bases de datos. La información aportada por el ADN no contempla cuestiones únicamente genéticas, conlleva experiencias familiares sobre paternidades, enfermedades y otros aspectos personales que los usuarios no concibieron compartir en el momento de su registro (Murphy, 2018; Scudder et al., 2019). La cesión de esta información a los miembros de la seguridad en la búsqueda de un sospechoso y su uso en caso de estar en la lista resultante del cotejo genético genealógico entra en conflicto con las cláusulas de confidencialidad firmadas en un inicio (Samuel y Kennett, 2020b).

La comunidad de genealogía ha tratado en varias ocasiones de establecer qué y cómo informar a los usuarios, del mismo modo que se ha intentado regular el uso de dichos datos manteniendo un equilibrio del derecho a la intimidad de los usuarios y el derecho a la seguridad pública que se amolde a las perspectivas hasta ahora recogidas (Samuel y Kennett, 2020b; Skeva et al., 2020). Sin embargo, apenas existen leyes, como la HIPAA y GINA en EEUU, o la normativa establecida en la LO 10/2007 y la LO 3/2018 en España, en las cuales se regula el uso de los datos de ADN sin introducir aún términos relacionados con la aplicación de la genealogía forense. Los genealogistas destacan la necesidad de una regulación gubernamental para la realización de un consentimiento informado adecuado y una aplicabilidad de la IGG éticamente proporcional (Plemel, 2019; Samuel y Kennett, 2020b; Skeva et al., 2020; Wickenheiser, 2019).

Asimismo, se plantea la posibilidad de crear una base de datos de ADN universal que no distinga entre sectores público o privado, perfiles de inocentes o culpables, disminuyendo el impacto poblacional, la disparidad racial y agilizando y optimizando el proceso de una investigación criminal (Hazel y Slobogin, 2021; Plemel, 2019). Esta base de datos podría regularse de forma que se utilizase en casos de gravedad considerable y se mantuviese la privacidad y el control de la información disponible hasta obtener una coincidencia lo suficientemente certera (Plemel, 2019).

También, se considera necesario el planteamiento de introducir en las mismas el ADN de los propios miembros policiales, tanto por evitar casos como el de DeAngelo, como por la necesidad de exonerar a aquellos inocentes que pudieron contaminar la muestra en el transcurso de su análisis (Wickenheiser, 2019).

6.3. ESTUDIOS REALIZADOS EN LA POBLACIÓN

Los resultados obtenidos en diversos estudios poblacionales han mostrado un apoyo a la prestación del ADN mediante la búsqueda en bases de datos genealógicas a la hora de llevar a cabo una investigación que suponga el beneficio y seguridad del resto de ciudadanos.

El estudio realizado por Guerrini et al. (2018) resultó en una perspectiva generalmente favorecedora; sin embargo, los resultados obtenidos correspondían a un sector cuyo rango de edad no superaba los 37 años y, cuya mayoría no presentaba una formación profesional en materias relacionadas. Posteriormente, Gleeson (2018) llevó a cabo una encuesta cuyos participantes provenían de diversos sectores poblacionales, usuarios y no usuarios de las bases de datos genealógicas. De igual modo, en 2020 se realizó otro estudio empírico sobre el impacto en la sociedad cuyo rango de edad partía de los 40 años (Samuel y Kennett, 2020b). Todos ellos concluyeron en el respaldo general de la IGG en casos de mayor gravedad.

Sin embargo, la preocupación ante el correcto uso de los datos genéticos y la petición de transparencia y protección en el trascurso de la investigación fueron ítems observados de forma reiterada en las respuestas de los sujetos (Plemel, 2019). En EEUU, donde la IGG ya ha sido utilizada en diversas ocasiones, los ciudadanos reconocieron la técnica como una posible fuente de intrusismo por parte de las Fuerzas y Cuerpos del Estado (Hazel y Slobogin, 2021).

Una de las principales incertidumbres es, por un lado, el límite de afectación al firmar un consentimiento informado en una base de datos genealógica que permite el acceso en una investigación criminal. El mayor interrogante es la implicación familiar que puede llegar a abarcar la aceptación de un individuo. Es decir, si un pariente consiente el almacenamiento de sus datos, la inclusión como posible sospechoso en una búsqueda criminal conlleva el estudio de sus relativos, quienes no tienen por qué haber accedido a tales acciones (Kennett, 2019; Moran, 2018; Schwab et al., 2018). También, la inclusión de familiares de aquellos usuarios que, pese a dar su consentimiento, ya han fallecido y suponen una intrusión innecesaria de su familia (Scudder et al., 2019). Esta exposición del resto de familiares sin previo permiso alberga desconfianza y recelo hacia una IGG que, pese a su éxito, actualmente sigue sin ser regulada (Berkman et al., 2018).

Por otro lado, se ha observado gran interpelación por el destino no esclarecido de las muestras recogidas durante el proceso de investigación. Aun cuando la recogida subrepticia y discreta de muestras de ADN de sospechosos o familiares cercanos se ha considerado apta (Hazel y Slobogin, 2021), se precisa de normativa que establezca el periodo de permanencia y destrucción en aras de mantener la privacidad de aquellos cuyos perfiles fueron descartados durante la comparación con la evidencia de la escena del crimen una vez la etapa de búsqueda de sospechosos concluyó (Murphy, 2018; Scudder et al., 2019).

Pese a todo, los últimos sondeos poblacionales sobre el recibimiento y aceptación de la IGG continúan mostrando una declinación cada vez más favorable (Ansell et al., 2021; Terry y Caffet, 2020).

CAPÍTULO VII. RESULTADOS

El uso de la genealogía genética en el ámbito forense supone un nuevo enfoque aplicable a casos archivados por la complejidad e imposibilidad de su resolución mediante la metodología tradicional. La unión de las funciones realizadas por los genealogistas, es decir, la búsqueda genealógica, y aquellas llevadas a cabo por las Fuerzas y Cuerpos de Seguridad, véase la búsqueda e identificación criminal, converge en el establecimiento de una nueva herramienta de identificación conocida como investigación genealógica genética (IGG).

Actualmente existen dos tipos de bases de datos encargadas del almacenamiento de material genético: las bases de datos civiles y las bases de datos gubernamentales. El procedimiento de una investigación genética genealógica conlleva el uso de ambas utilizando para ello diferentes perfiles de ADN.

Por un lado, las bases de datos genealógicas son bases civiles en las cuales se almacenan perfiles genéticos procesados como polimorfismos de un único nucleótido (SNP) que permiten obtener información fenotípica sobre una muestra mínima de ADN y que han sido aportados de forma voluntaria por los propios ciudadanos. Concretamente, aquellas encargadas de realizar funciones genealógicas forenses son GEDmatch y la empresa comercial de pruebas genéticas FamilyTreeDNA (FTDNA). GEDmatch es la base de datos pública más recurrida para el desarrollo de la IGG y contiene información proveniente de pruebas genéticas directas al consumidor (DTC) y de empresas privadas que colaboran en el ámbito forense. A su vez, con el objeto de almacenar y analizar los perfiles genéticos de modo individual, así como de favorecer la nueva herramienta de investigación genealógica, se ha establecido recientemente la base DNASolves.

Por otro lado, la base de datos de uso criminal CODIS (Combined DNA Indexes System), es un sistema informático encargado de almacenar datos genéticos extraídos en perfiles de pequeñas repeticiones de ADN en tándem

(STR) que aportan información meramente identificativa. Los datos recogidos en este software corresponden únicamente a sujetos que han cometido un hecho delictivo previo, de modo que es regulada por el propio gobierno.

El empleo de dichos recursos supone la excepcional consideración del uso de ADN codificante y no codificante con fines identificativos. Sin embargo, existen tres etapas en las cuales quedan divididas las funciones de esta herramienta en coherencia tanto con la formación de los trabajadores de cada una de las bases, como con la regulación específica de la labor de los genealogistas y los miembros de las Fuerzas y Cuerpos de Seguridad.

Etapa 1. Investigación criminal tradicional.

La primera etapa es llevada a cabo por los miembros de las Fuerzas y Cuerpos de Seguridad del Estado quienes hacen uso de sistema criminal convencional. De modo que, el proceso comienza con la extracción del perfil STR de la muestra recogida en la escena y el análisis comparativo de esta. Suponiendo la falta de muestras indubitadas, el perfil genético es incorporado a la base de datos CODIS pasando por sus diferentes niveles: desde el local (LDIS) al nacional (NDIS). En caso de sospecharse actividad internacional, los mismos serán cotejados con material genético transfronterizo bajo la regulación establecida en el Tratado de Prüm.

El agotamiento de los recursos de esta primera etapa es indispensable para la aplicación de la genealogía forense.

Etapa 2. Aplicación de la IGG por los genealogistas.

La segunda etapa, fase representativa y limitante de la investigación genealógica genética, supone la búsqueda en las bases de datos civiles. Por esta razón, el paso previo a la búsqueda es el procesamiento de la muestra recogida en la escena para la obtención del perfil SNP.

Dado que únicamente FTDNA y DNASolves proveen un sistema de procesamiento propio, en caso de utilizar la base de datos pública GEDmatch, los miembros de seguridad tercerizarán dicha labor a laboratorios externos de agencias como Parabon NanoLabs, Body Technology y DNA Project, cuyo sistema permite la utilización de técnicas específicas de secuenciación del genoma completo (WGS) y secuenciación masiva en paralelo (MPS), así como tecnologías de microarray.

Una vez incorporados los datos SNP en las bases civiles, los genealogistas llevan a cabo una investigación procediendo del siguiente modo:

1. Búsqueda genealógica "uno a muchos".
2. Identificación de conjuntos de coincidencias mediante la longitud del segmento, es decir, evaluando la cantidad en cM de ADN compartido, a fin de estimar los diversos grados de parentesco.
3. Análisis por grupos y construcción del árbol genealógico hasta alcanzar la pareja de ancestros común.
4. Investigación de la descendencia hasta el pariente más actual.
5. Análisis de los resultados obtenidos complementada con los estudios auxiliares de Cromosoma Y, Cromosoma X paterno y ADN mitocondrial; y posterior recopilación de la lista de candidatos como posibles sospechosos.

Etapa 3. Determinación y análisis del perfil sospechoso.

El comienzo de la tercera etapa comienza con la aportación de la lista de candidatos realizada por los genealogistas a los Cuerpos y Fuerzas de Seguridad, quienes llevarán a cabo la filtración, exclusión y comparación de los perfiles genéticos obtenidos hasta la determinación del posible sospechoso. El proceso realizado es el siguiente:

1. Exclusión de los perfiles genéticos cuya edad, sexo y zona geográfica no se corresponden con las circunstancias de los hechos investigados.
2. Obtención de muestras de los distintos individuos para su análisis y extracción de STR.
3. Muestreo y evaluación individual de los perfiles genéticos para la selección del perfil sospechoso. En este paso la investigación podrá aportar distintas conclusiones, tales como el presunto autor de los hechos, pariente del presunto autor o inclusión causal de un familiar del autor (es decir, falso positivo).
4. Estudio comparativo definitivo del principal sospechoso con la muestra hallada en la escena.

Tal y como se observa en la Figura 9, la resolución del caso mediante este proceso aportará un perfil sobre el cual destinar el resto de la investigación o, por el contrario, un familiar del autor a partir del cual reorientar la búsqueda.

Figura 9. Mapa conceptual proceso de la investigación genética genealógica.

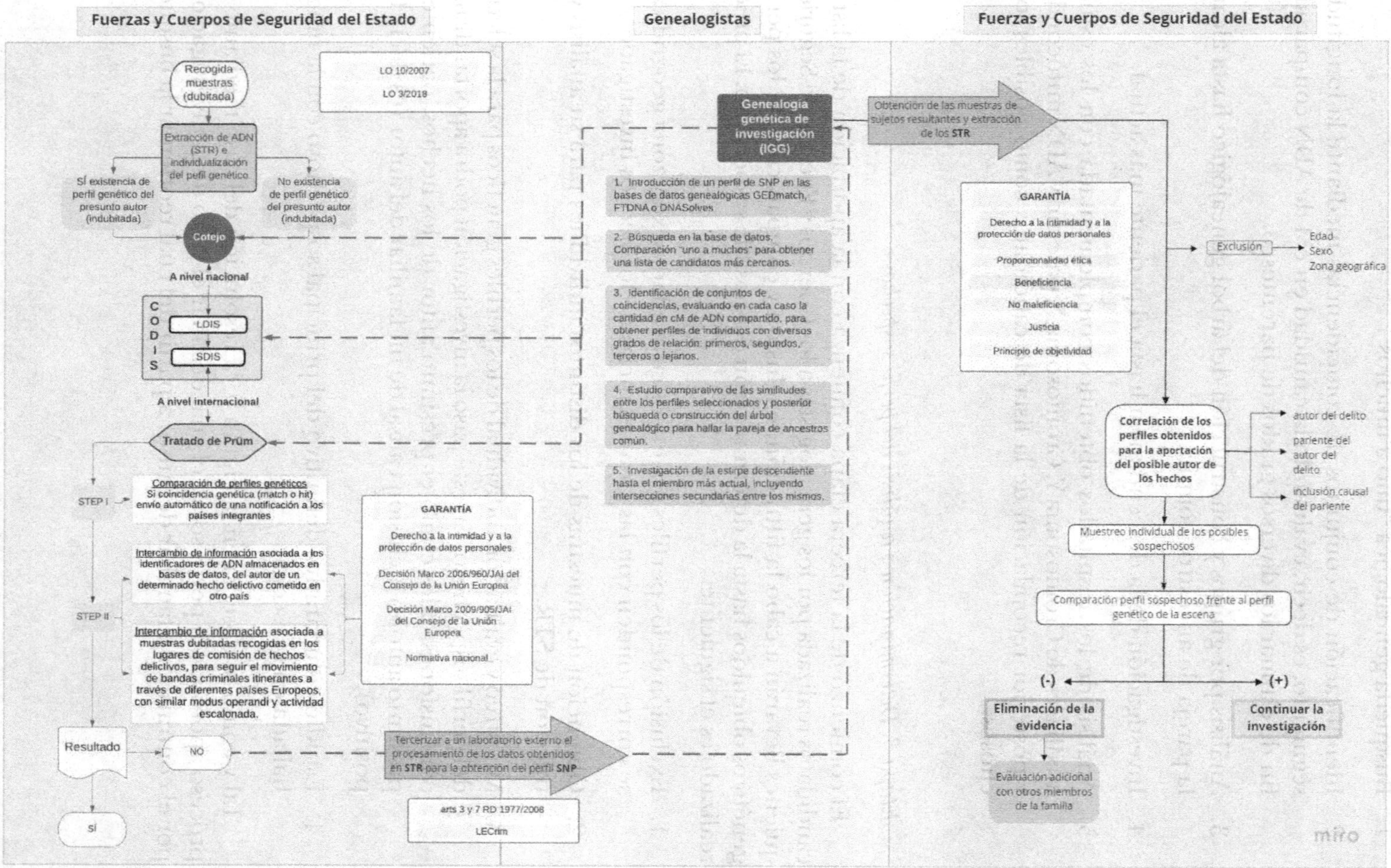

Actualmente, esta herramienta ha sido utilizada por países como Suecia, Australia, China, Reino Unido y Estados Unidos. Siendo este último el principal precursor y donde mayor casuística ha sido publicada. Del estudio de los casos publicados se observa el predominio de su aplicación en la identificación de criminales frente a la identificación de personas fallecidas o desaparecidas.

No obstante, la investigación genealógica genética ha supuesto un avance inesperado en base a las técnicas identificativas hasta ahora conocidas: búsqueda familiar y búsqueda en las bases de datos Y-STR; y con ello un impacto en los sectores poblacionales más afectados. Estos son los investigadores, los genealogistas y los propios usuarios de las bases de datos.

En primer lugar, como se muestra en la Figura 10, el colectivo investigador ha mostrado una posición favorable al uso de esta nueva herramienta, normalizando y despreocupándose de las cuestiones personales que pudiese ocasionar en la sociedad.

Figura 10. Impacto de la investigación genética genealógica sobre los investigadores

Nota. El siguiente gráfico muestra el impacto de la IGG en los investigadores tras analizar la información recopilada en la bibliografía. Los porcentajes son calculados mediante la clasificación de la información recogida según los siguientes niveles de impacto: 0-muy bajo, 25-bajo, 50-medio, 75- alto y 100-muy alto.

En segundo lugar, pese a que los expertos de las bases de datos han mostrado una predisposición propicia, en sus respuestas prevalece la preocupación social (Figura 11). Los genealogistas destacan la necesidad de un consentimiento informado lo suficientemente inteligible, conciso, descriptivo y transparente con objeto de anticiparse a posibles repercusiones emocionales y penales posteriores, incluyendo así el cuándo, cómo y por qué del uso de la IGG.

Figura 11. Impacto de la investigación genética genealógica sobre los genealogistas.

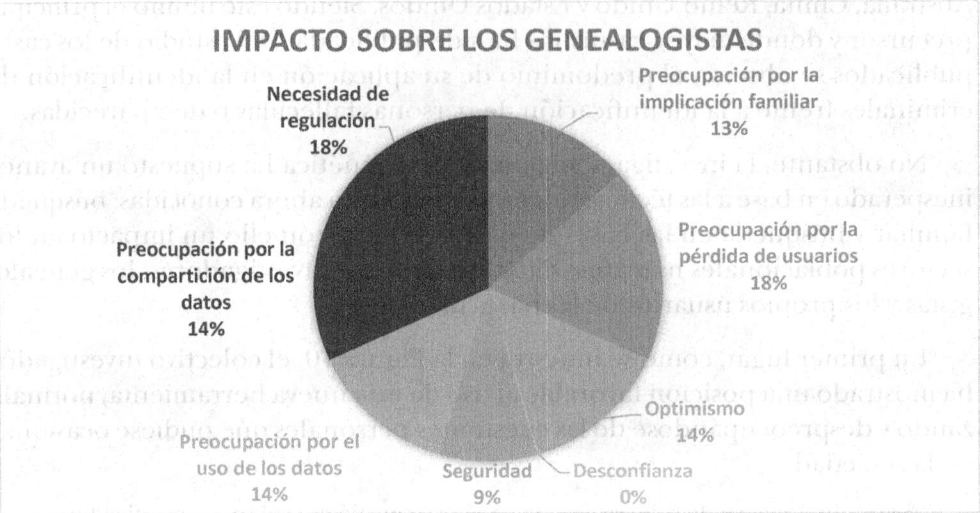

Nota. El siguiente gráfico muestra el impacto de la IGG en los genealogistas tras analizar la información recopilada de la bibliografía. Los porcentajes son calculados mediante la clasificación de la información recogida según los siguientes niveles de impacto: 0-muy bajo, 25-bajo, 50-medio, 75- alto y 100-muy alto.

En último lugar, los estudios realizados en la población denotan un balance entre la apertura a nuevas herramientas que permitan beneficiar la seguridad ciudadana y disminuir la criminalidad; y la incertidumbre del manejo de la información junto con la implicación social que esta puede conllevar. Concretamente, resaltan la necesidad de desechar las pruebas recogidas a inocentes a los que se les investigó previamente a ser detenido el verdadero sospechoso.

El caso publicado sobre el arresto del expolicía estadounidense DeAngelo ha suscitado un sentimiento de desconfianza evidente por la escasa claridad mostrada por los investigadores involucrados en su búsqueda.

Al igual que los genealogistas, los usuarios consideran necesaria la implementacion de una regulación y política de los datos genéticos proporcionados de forma voluntaria. Por ello, exponen la posibilidad de incluir a los propios investigadores en las bases de datos civiles y la exclusión de aquellos familiares fallecidos con la finalidad de aportar datos fiables, actualizados e imparciales.

A nivel general, como se recoge en la Figura 12, el recelo está más encaminado a la necesidad de una regulación que discrimine bajo qué circunstancias son accesibles o no los datos de las bases de datos públicas ante una investigación criminal, que en el propio hecho de poder compartir con un tercero la información proporcionada a las mismas.

Figura 12. Impacto de la investigación genética genealógica sobre los usuarios.

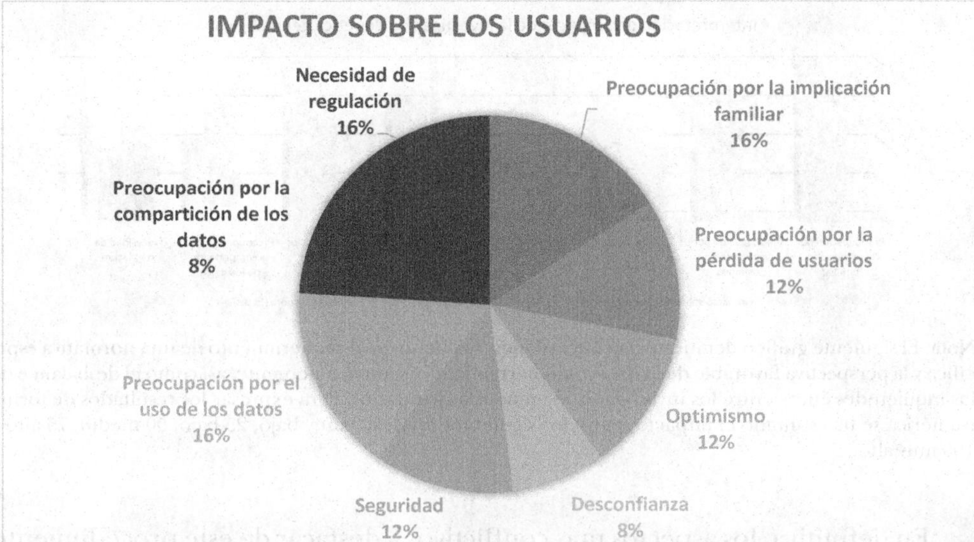

Nota. El siguiente gráfico muestra el impacto de la IGG en los usuarios tras analizar la información recopilada en los diversos estudios de la población. Los porcentajes son calculados mediante la clasificación de la información recogida según los siguientes niveles de impacto: 0-muy bajo, 25-bajo, 50-medio, 75-alto y 100-muy alto.

Entre otras, las principales aportaciones hacia una actitud más receptiva de la genealogía genética en el ámbito criminal suponen la regulación de la eliminación de evidencias recogidas de inocentes durante la investigación; la necesidad de establecer una normativa adecuada; y la transparencia del proceso realizado.

Para reflejar desde una perspectiva global el impacto de la IGG, se expone el diagrama de la Figura 13 en el cual queda reflejada la respuesta a cada variable en los tres sectores mencionados.

Figura 13. Interpretación del impacto general de la investigación genética genealógica

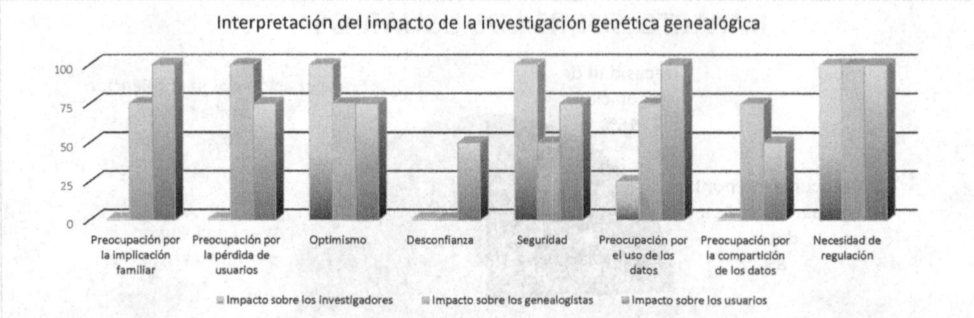

Nota. El siguiente gráfico demuestra la concordancia expuesta en el requerimiento de una normativa específica y la perspectiva favorable de la IGG como herramienta criminal emergente; así como el desbalance de las inquietudes éticas entre los investigadores, genetistas y usuarios. Para expresar los resultados de forma numérica se ha estimado el impacto según los siguientes niveles: 0-muy bajo, 25-bajo, 50-medio, 75-alto y 100-muy alto.

En definitiva, los aspectos más conflictivos a destacar de este procedimiento ocupan la segunda y tercera etapa de la investigación. Con lo cual su aplicación en España requiere de una normativa específica que responda a las cuestiones planteadas por los investigadores, genealogistas y usuarios. Conforme a la normativa aplicable hoy en día, en España existen disposiciones que abarcan en parte la materia objeto de análisis.

Por un lado, el acceso a las bases de datos públicas sugiere la disposición de información adicional a la identidad de la persona y su sexo en contra de lo expuesto por la LO 10/2007. En cambio, la IGG discierne entre las funciones a ejecutar por los miembros de seguridad y los genealogistas. En consecuencia, se conserva el manejo de la información genética aportada por los STR como materia de investigación en las fases penales; y el uso del perfil SNP únicamente en la investigación realizada por los genealogistas o genetistas autorizados.

Por otro lado, el traspaso de información personal a los miembros de seguridad supone un conflicto entre los derechos a la intimidad y la seguridad ciudadana; sin embargo, la normativa vigente en España estipula el modo de obtener las pruebas de una investigación penal evitando así el acaecimiento ilícito de una obtención subrepticia. Del mismo modo, una vez finalizados los procesos pertinentes, la LO 3/2018 regula la cancelación de los datos personales almacenados.

Si bien, actualmente la misma LO 3/2018 permite, ante sucesos que supongan un peligro real para la seguridad pública, prescindir de consentimiento informado y eximir de control legal a la recogida y tratamiento de los datos investigados. Por ello, la regulación propuesta para la aplicación de esta nueva herramienta criminal engloba la delimitación de la casuística abarcable a los casos más graves; el deslinde del grado de parentesco idóneo para la obtención de resultados fiables; y el control del uso y compartición de los datos durante el trascurso de la investigación previa aprobación del consentimiento informado por los usuarios.

CAPÍTULO VIII. CONCLUSIONES

En el presente capítulo se exponen las conclusiones alcanzadas en función de los objetivos plasmados en el diseño de investigación de este estudio.

Determinar el uso de la genealogía forense como herramienta emergente de investigación criminal en España

Para comenzar, se presenta el objetivo general, el cual consiste en determinar el uso de la genealogía forense como herramienta emergente de investigación criminal en España.

En lo que a esta revisión sistemática se refiere, se ha podido observar que la genealogía forense es una herramienta de búsqueda e identificación criminal diseñada y promovida por EEUU ante el elevado número de casos mediáticos y reincidentes a los que el país se expone anualmente. Empero a ser considerado el pionero de la investigación genealógica genética, son cada vez más las regiones que incluyen o se plantean el empleo de esta emergente técnica en su sistema de seguridad.

En Europa, la actividad criminal supone una cifra inferior y un perfil de hechos delictivos menos graves, por lo cual, el procedimiento y la regulación actualmente publicados se encuentran adaptados al marco normativo estadounidense. No obstante, la información recopilada sobre la normativa vigente en España denota que podría servir de base para el establecimiento de esta nueva herramienta como alternativa al método de investigación criminal actual. De modo que, el objetivo general se alcanza exponiendo, para ello, la necesidad de ponderar los derechos fundamentales en colisión: derecho a la seguridad e integridad personal y derecho individual a la privacidad.

España presenta un porcentaje considerable de casos congelados en el tiempo por la empleabilidad de un sistema de búsqueda de sospechosos limitado a aquellos que previamente han cometido un acto delictivo. Un sistema de seguridad ciudadana que antepone el derecho a la intimidad incluso ante situaciones criminales que sobrepasan los principios éticos fundamentales. Todo ello en base a una metodología acotada por información genética que, en ciertas ocasiones, resulta insuficiente para el desarrollo de una labor óptima.

En virtud de lo cual, es preciso considerar la oportuna aparición de una herramienta de identificación criminal que permite reemprender la búsqueda de un presunto autor aún desconocido; responde las inquietudes y resuelve las peticiones de los familiares de las víctimas o individuos desaparecidos; e incluso posibilita la reconsideración de la condena de un posible inocente. En otras palabras, la introducción de la genealogía forense en el sistema de investigación penal español permite movilizar la función de los investigadores en casos paralizados y facilitar la resolución de casos graves una vez consumida la vía tradicional.

Describir la genealogía en el procedimiento criminalístico de una investigación

Con respecto al primer objetivo específico, basado en describir la genealogía en el procedimiento criminalístico de una investigación, se ha podido establecer un orden coherente de actuación en base al transcurso de la investigación convencional que actualmente llevan a cabo los miembros de Fuerzas y Cuerpos de Seguridad del Estado.

El proceso mediante el cual la genealogía forense se introduce en el desarrollo de una investigación supone la adicción de técnicas genómicas y el uso de perfiles genéticos hasta ahora no empleados. Sin embargo, las etapas en las cuales la investigación se sirve de material atípico son llevadas a cabo por expertos genealogistas autorizados cuya función no se aleja de la labor realizada en el ámbito clínico.

Concretamente, la principal diferencia frente a la actividad habitual es la compartición de material genético aportado por los usuarios de forma voluntaria al someterse a pruebas genéticas. Por este motivo, los resultados obtenidos de una búsqueda genealógica aportan a los miembros de seguridad una lista de posibles candidatos, de individuos sobre los que basar la investigación, a partir de los cuales se podrá acotar y dirigir la búsqueda a la figura de un único sospechoso sobre el que se aplicará, de nuevo, la metodología tradicional.

Identificar otras metodologías específicas ya existentes y sus posibles aportaciones a la investigación genética genealógica

En relación con el segundo objetivo específico, identificar otras metodologías específicas ya existentes y sus posibles aportaciones a la investigación genética genealógica, se ha podido compilar un conjunto de técnicas utilizadas por los laboratorios de análisis genético que a día de hoy no son aplicadas en el ámbito criminal.

Las principales metodologías utilizadas durante una investigación criminal emplean la búsqueda familiar de parientes cercanos con antecedentes cuyos datos ya están registrados en las bases de datos gubernamentales, junto con el estudio auxiliar de STR del cromosoma Y y del cromosoma X paterno. Todas ellas son utilizadas en el proceso de una investigación genealógica forense. Sin embargo, para una búsqueda exhaustiva, la IGG requiere de una búsqueda familiar de largo alcance unida a las técnicas complementarias de análisis de cromosomas sexuales, utilizando para ello el genotipado de alta densidad, es decir, el perfil SNP.

El hecho de aplicar esta herramienta como una alternativa a la metodología actual supone el acceso a información pormenorizada, incluyendo características fenotípicas, registro familiar, zona geográfica etc. Estos datos son únicamente proporcionados por las bases de datos genealógicas tras el consentimiento de los usuarios. Por consiguiente, su aportación para el desarrollo de la IGG depende en gran medida del nivel de seguridad, confianza y transparencia transmitido en el momento de su registro en la base de datos civil.

Señalar los recursos adicionales de fuentes externas a las Fuerzas y Cuerpos de Seguridad del Estado que son requeridos para la incorporación de la genealogía en una investigación

Finalmente, el último objetivo específico, consistente en señalar los recursos adicionales de fuentes externas a las Fuerzas y Cuerpos de Seguridad del Estado que son requeridos para la incorporación de la genealogía en una investigación, ha sido alcanzado con creces.

En aras de favorecer la circulación y compartición de los datos entre los genealogistas y los miembros de las Fuerzas y Cuerpos de Seguridad, es preciso llevar a cabo un correcto procedimiento del material genético empleado para cada una de las etapas que conlleva la investigación genética genealógica. Dado que la investigación criminal únicamente se sirve de la información aportada por los STR extraídos de la muestra recogida en la escena, se requiere la subcontratación de un laboratorio externo que obtenga el perfil SNP necesario para la búsqueda genealógica.

La bibliografía consultada durante el desarrollo del estudio de investigación ha permitido compilar las principales bases de datos genealógicas que colaboran en esta nueva herramienta de identificación. La búsqueda pormenorizada en sus respectivas páginas web, junto con las de las empresas privadas que aportan sus datos al registro, ha facilitado el acceso a las diferentes políticas de privacidad en las que se establece el acceso a los miembros de seguridad para el uso de los perfiles almacenados en una investigación penal.

El requerimiento de este recurso supone la certificación de los laboratorios de las distintas agencias privadas encargadas de dicha gestión, así como, controlar el mantenimiento de la privacidad de la información recibida y supervisar la comercialización ilícita de los datos genéticos. Dicho de otro modo, la exteriorización de la muestra de la escena a fuentes externas supone un paso necesario y una exposición arriesgada en el transcurso de la investigación.

CAPÍTULO IX. REFLEXIONES Y FUTURAS LÍNEAS DE INVESTIGACIÓN

Con perspectiva a un futuro favorable de la investigación genealógica genética, se exponen diversas propuestas, posibles vías de investigación o cuestiones sobre las que sería conveniente incidir.

En primer lugar, existe una amplia lista de empresas y bases de datos civiles encargadas del análisis de datos SNP, que permiten llevar a cabo búsquedas genealógicas y facilitan la creación y descarga de árboles genealógicos. Muchas de ellas, incluso emplean técnicas o han generado herramientas que favorecen su función y los servicios ofrecidos a los usuarios. Por esta razón, se aporta la posibilidad de recurrir a otras bases de datos genealógicas cuya labor se asemeja a las mencionadas durante el presente análisis, como lo es LivingDNA. Concretamente, esta empresa presenta una herramienta de búsqueda conocida como Family Networks Private Beta, cuya función es emparentar a parientes (LivingDNA, 2018).

En segundo lugar, existen diversos inconvenientes para la identificación a través de las técnicas conocidas, ya sea mediante las metodología rutinaria como en el empleo de la investigación genética genealógica. Uno de ellos es la complejidad de los análisis genéticos derivada del nivel de degradación en que se encuentra la muestra recogida o la cantidad de ADN que puede obtenerse de esta. El uso de las nuevas técnicas de secuenciación (NGS) aún en desarrollo, a parte de las ya mencionadas WGS y MPS, podría enfocarse en el beneficio y mejora del procedimiento de los datos obtenidos en la escena anterior a su introducción en las bases de datos genealógicas. Esta tecnología de secuenciación masiva faculta la generación de una elevada cantidad de datos genéticos en un periodo menor de tiempo.

En particular, el uso de estas tecnologías podría facilitar y optimizar el procesamiento de la muestra hallada en la escena para la obtención de perfiles SNP. Dado que es una técnica de gran coste, se podría limitar su aplicación a la obtención de material genético de muestras altamente degradadas en las que los métodos actuales podrían ser de compleja o disminuida aplicación. Sin embargo, pese a la mejora considerable del rendimiento frente a aquellas técnicas estándar expuestas a lo largo del estudio y recurridas en la investigación, plantear el uso de los avances tecnológicos de las NGS conlleva la disposición de un sistema de almacenamiento de amplio volumen, así como, un sistema bioinformático para su compleja interpretación. Por tanto, para contemplar el empleo de la tecnología NGS en el ámbito de la investigación criminal, es necesario la investigación de los recursos y materiales que su empleo requiere y establecer una aplicación proporcional en función de la casuística.

En tercer lugar, una de las etapas más importantes en la investigación es el descarte de resultados para la obtención de un sospechoso principal. Esta fase requiere de gran diversidad de recursos con los que obtener información relevante e individualizadora. A su vez, en aras de agilizar la construcción el árbol genealógico, sería conveniente plantear la oportunidad de acceder al registro nacional de donación de óvulos y esperma, y a la información referente a adopciones nacionales e internacionales reflejada en el registro civil. Por lo tanto, es necesario delimitar los recursos externos a los que los investigadores pueden consultar información personal.

En cuarto lugar, es primordial cavilar la limitación bioética que esta nueva herramienta criminal conlleva. Habiéndose tratado de forma somera en el presente estudio, se ha podido observar que, a pesar del gran impacto y del próspero enfoque que supone su aplicación, apenas es utilizada por los países que tienen a su alcance los recursos necesarios. Este hecho se debe a la repercusión bioética que implica el uso de información no solo genética, sino también personal. Discernir entre ambas ha sido una de las principales intenciones en la metodología rutinaria de investigación criminal para evitar la colisión de los derechos de seguridad y privacidad. Por esta razón, para llevar a la práctica la investigación genealógica genética es importante poner un foco en el análisis pormenorizado desde una perspectiva bioética y, en consecuencia, establecer un contexto donde, pese a las limitaciones mencionadas, la herramienta pueda ser aplicada sin ninguna traba.

En este sentido, podría ser posible contemplar una futura readaptación de la política de privacidad de los servicios ofrecidos por MyHeritage, Ancestry y 23andMe, que permita la compartición de los datos a los miembros de seguridad de modo que se pueda acceder a ellos sin necesidad de esperar a ser registrados por los propios usuarios en GEDmatch. Así, pese a no ser mencionadas entre las principales colaboradoras, podrían considerarse potenciales herramientas de genealogía forense en un futuro próximo una vez se establezca la regulación solicitada por los propios genealogistas.

En último lugar, existe una cuestión que aún requiere ser respondida. En particular, se plantea la posibilidad de aprobar de forma parcial el uso de la información genética suministrada a las bases de datos civiles. Si bien los usuarios firman un consentimiento informado que esclarece las intenciones de la investigación, no se debe presuponer la participación de los ancestros y descendientes ajenos a dicha decisión. Abordar esta carencia estimando el alcance de la IGG en la búsqueda genealógica podría ser estudio alentador para aquellos ciudadanos que aún no confían en el uso de esta emergente herramienta.

En definitiva, la problemática que pone freno a la aplicación de la investigación genealógica genética se ha convertido en un eslabón primordial que requiere ser atendido. Es por ello, que el análisis de la bioética en esta herramienta y la delimitación de su implicación familiar, debe ser el objeto de estudio de futuros trabajos de investigación una vez descrita su función y procedimiento en la presente revisión sistemática.

REFERENCIAS

23andMe (2021). *Informe de transparencia.* https://www.23andme.com/transparency-report/

23andMe (s.f.). https://www.23andme.com/en-int/dna-ancestry/

Al-Khudhair, A., Qiu, S., Wyse, M., Chowdhury, S., Cheng, X., Bekbolsynov, D., Saha-Mandal, A., Dutta, R., Fedorova, L., & Fedorov, A. (2015). Inference of distant genetic relations in humans using "1000 genomes." Genome Biology and Evolution, 7(2), 481-492.
https://doi.org/10.1093/gbe/evv003

Alvarez, M., Gonzalez, L., Saiz, M., Alvarez, J., & Lorente, J. (2010). Nuevas aplicaciones en identificación genética New applications in genetic identification. Forensic Science International, 139(2–3), 159–167.
http://scielo.isciii.es/pdf/cmf/v16n1-2/revision1.pdf

Álvarez-Gayou Jurgenson, J. L. (2003). Cómo hacer investigación cualitativa. Fundamentos y metodología (Paidós Educador (ed.)).

Amankwaa, A. O. (2020). Trends in forensic DNA database: transnational exchange of DNA data. Forensic Sciences Research, 5(1), 8–14. https://doi.org/10.1080/20961790.2019.1565651

Ancestry. (9 de febrero de 2021). *Informe de transparencia de Ancestry enero de 2021.* https://www.ancestry.mx/cs/transparency

Ansell, R., Tillmar, A., Aili, S., Staaf, J., Sj, P., & Sj, P. (2021). Getting the conclusive lead with investigative genetic genealogy – A successful case study of a 16 year old double murder in Sweden. Forensic Science International: Genetics, 53(January). https://doi.org/10.1016/j.fsigen.2021.102525

Arnold, C. (2020). The controversial company using DNA to sketch the faces of criminals. Nature, 585(7824), 178–181.

Auton, A., Brooks, L. D., Durbin, R. M., Garrison, E. P., Kang, H. M., Korbel, J. O., Marchini, J. L., McCarthy, S., McVean, G. A., & Abecasis, G. R. (2017). A global reference for human genetic variation. Nature, 176(3), 139-148. https://doi.org/10.1038/nature15393.A

Beltrán, Ó. A. (2005). Revisiones sistemáticas de la literatura. 20(1), 60-69.

Berkman B. E., Miller W. K., Grady C., RN, P. (2018). Is It Ethical to Use Genealogy Data to Solve Crimes? Physiology & Behavior, 169(5), 333–334. https://doi.org/10.7326/M18-1348.Is

Bermejo, J. C. (2013). MÓDULO VI. Tema 18. Instituciones de apoyo a la Cooperación: Red Judicial Europea, Eurojust, Europol, Interpol, Magistrados de Enlace, IberRed (Fifth Ed, p. 6).

Browning, B. L., & Browning, S. R. (2013). Improving the accuracy and efficiency of identity-by-descent detection in population data. Genetics, 194(2), 459–471. https://doi.org/10.1534/genetics.113.150029

Browning, S. R., & Browning, B. L. (2010). High-Resolution Detection of Identity by Descent in Unrelated Individuals. American Journal of Human Genetics, 86(4), 526-539.
https://doi.org/10.1016/j.ajhg.2010.02.021

Calafell, F., & Larmuseau, M. H. D. (2017). The Y chromosome as the most popular marker in genetic genealogy benefits interdisciplinary research. Human Genetics, 136(5), 559-573.
https://doi.org/10.1007/s00439-016-1740-0

Callaghan, L. (14 de junio de 2020). Genealogist uses ancestry website to track down knife killer. *The Times.*
https://www.thetimes.co.uk/article/genealogist-uses- ancestry-website-to-track-down-knife-killer-m60rs0j2l

Canto del, E., & Silva Silva, A. (2013). Metodología cuantitativa: abordaje desde la complementariedad en Ciencias Sociales. Rev. Ciencias Sociales, 141(3), 25–34. http://revistacienciassociales.ucr.ac.cr/wp-content/revistas/141/02-SILVA.pdf

CNN. (23 de junio de 2018). ADN en una servilleta usada ayuda a resolver un caso de asesinato 32 años después. *CNN.*
https://cnnespanol.cnn.com/2018/06/23/adn-en-una-servilleta-usada-ayuda-a-resolver-un-caso-de-asesinato-32-anos-despues/

Crespillo-Márquez, M., López-Reyes, E., & Alonso-Alonso, A. (2020). Organization and operation of the Spanish DNA database. Revista Espanola de Medicina Legal, 46(2), 45-48.
https://doi.org/10.1016/j.reml.2019.11.004

DeLisi, M. (2018). Forensic epidemiology: Harnessing the power of public DNA sources to capture career criminals. Forensic Science International, 291(August), e20–e21. https://doi.org/10.1016/j.forsciint.2018.07.018

DNASolves (s.f.). https://dnasolves.com/

Edge, M. D., Algee-Hewitt, B. F. B., Pemberton, T. J., Li, J. Z., & Rosenberg, N. A. (2017). Linkage disequilibrium matches forensic genetic records to disjoint genomic marker sets. Proceedings of the National Academy of Sciences of the United States of America, 114(22), 5671-5676.
https://doi.org/10.1073/pnas.1619944114

Erlich, Y., Shor, T., Pe'er, I., & Carmi, S. (2018). Identity inference of genomic data using long-range familial searches. Science, 362(6415), 690-694. https://doi.org/10.1126/science.aau4832

FamilyTreeDNA. (s.f.). https://www.familytreedna.com/legal/privacy-statement

García, Ó. (2020). Forensic genealogy. Social, ethical, legal and scientific implications. Revista Espanola de Medicina Legal, xx, 1-8.
https://doi.org/10.1016/j.reml.2020.06.001

GEDmatch (s.f.). https://www.gedmatch.com/

Gleeson, M. (2018). *How do you feel about your DNA being used by the police? – The results of a survey. DNA y FAM. TREE RSCH.*
https://research1254.rssing.com/chan-21711272/latest.php

Greytak, E. M., Moore, C. C., & Armentrout, S. L. (2019). Genetic genealogy for cold case and active investigations. Forensic Science International, 299, 103-113. https://doi.org/10.1016/j.forsciint.2019.03.039

Guerrini, C. J., Robinson, J. O., Petersen, D., & McGuire, A. L. (2018). Should police have access to genetic genealogy databases? Capturing the Golden State Killer and other criminals using a controversial new forensic technique. PLoS Biology, 16(10), 1–9. https://doi.org/10.1371/journal.pbio.2006906

Guimón, P. (9 de junio de 2019). Los genes de dos primos segundos llevan a un hombre al banquillo por un doble asesinato de hace 32 años. *El País*. https://elpais.com/internacional/2019/06/08/estados_unidos/1560018969_80659 0.html

Gusev, A., Lowe, J. K., Stoffel, M., Daly, M. J., Altshuler, D., Breslow, J. L., Friedman, J. M., & Pe'Er, I. (2009). Whole population, genome-wide mapping of hidden relatedness. Genome Research, 19(2), 318-326.
https://doi.org/10.1101/gr.081398.108

Hazel, J. W., & Slobogin, C. (2021). "A World of Difference"? Law Enforcement, Genetic Data, and the Fourth Amendment. Duke Law Journal, 70, 705–774. https://scholarship.law.duke.edu/dlj/vol70/iss4/1

Henn, B. M., Hon, L., Macpherson, J. M., Eriksson, N., Saxonov, S., Pe'er, I., & Mountain, J. L. (2012). Cryptic distant relatives are common in both isolated and Cosmopolitan genetic samples. PLoS ONE, 7(4).
https://doi.org/10.1371/journal.pone.0034267

Hernández Sampieri, R., Fernández Collado, C., & Baptista Lucio, P. (2014). Metodología de la investigación (D.F. (ed.); 6 edition). McGRAW-HILL. Interamericana.

Izcara Palacios, S. P. (2014). Manual de investigación cualitativa (Editorial).

J. D. Watson, T. A. Baker, S. P. Bell, A. Gann, M. Levine, R. L. (2013). Molecular biology of the gene. In Scientist (Seventh ed).

J. Ge, B. B. (2020). Forensic investigation approaches of searching relatives in DNA databases. Journal of Forensic Sciences, 00, 1-14.
https://doi.org/10.1111/1556- 4029.14615

Jiminián, M. E. V. (2015). Nuevas técnicas de control social: Análisis jurídico de las bases de datos de ADN Tesis Doctoral UPF 2015 Departamento de Derecho. 361. https://www.mendeley.com/viewer/?fileId=69f1893e-303e-a4e1-4e58-2836facaddd7&documentId=7e483ffc-5fea-39b5-8447-52a87d9fa319

Jobling, M. A., & Tyler-Smith, C. (2017). Human Y-chromosome variation in the genome-sequencing era. Nature Reviews Genetics, 18(8), 485–497. https://doi.org/10.1038/nrg.2017.36

Katsanis, S. H. (2020). Pedigrees and perpetrators: Uses of dna and genealogy in forensic investigations. Annual Review of Genomics and Human Genetics, 21, 535–564. https://doi.org/10.1146/annurev-genom-111819-084213

Kennett, D. (2019). Using genetic genealogy databases in missing persons cases and to develop suspect leads in violent crimes. Forensic Science International, 301, 107–117. https://doi.org/10.1016/j.forsciint.2019.05.016

Kling, D., & Tillmar, A. (2019). Forensic genealogy- A comparison of methods to infer distant relationships based on dense SNP data. Forensic Science International: Genetics, 42(January), 113-124.
https://doi.org/10.1016/j.fsigen.2019.06.019

Kling, D., Phillips, C., Kennett, D., & Tillmar, A. (2021). Investigative genetic genealogy: Current methods, knowledge and practice. Forensic Science International: Genetics, 52, 1-13.
https://doi.org/10.1016/j.fsigen.2021.102474

Knijff de, P. (2019). From next generation sequencing to now generation sequencing in forensics. Forensic Science International: Genetics, 38, 175–180. https://doi.org/10.1016/j.fsigen.2018.10.017

Kornblihtt, A. (2017). Genoma humano. Dermatologia Revista Mexicana, 45(4), 165–166. https://doi.org/10.31381/biotempo.v5i0.890

LivingDNA (2018). Family Networks Private Beta.
https://livingdna.com/blog/2018- living-dna-product-updates

Manichaikul, A., Mychaleckyj, J. C., Rich, S. S., Daly, K., Sale, M., & Chen, W. M. (2010). Robust relationship inference in genome-wide association studies. Bioinformatics, 26(22), 2867–2873.
https://doi.org/10.1093/bioinformatics/btq559

Marchini, J., & Howie, B. (2010). Genotype imputation for genome-wide association studies. Nature Reviews Genetics, 11(7), 499-511.
https://doi.org/10.1038/nrg2796

Mason-Buck, G., Graf, A., Elhaik, E., Robinson, J., Pospiech, E., Oliveira, M., Moser, J., Lee, P. K. H., Githae, D., Ballard, D., Bromberg, Y., Casimiro-Soriguer, C. S., Dhungel, E., Ahn, T.-H., Kawulok, J., Loucera, C., Ryan, F., Walker, A. R., Zhu, C., ... Labaj, P. (2020). DNA Based Methods in Intelligence - Moving Towards Metagenomics. Preprints, February.
https://search.proquest.com/docview/2413932290?accountid=42404

Mateen, R. M., Sabar, M. F., Hussain, S., Parveen, R., & Hussain, M. (2021). Familial DNA analysis and criminal investigation: Usage, downsides and privacy concerns. Forensic Science International, 318, 110576.
https://doi.org/10.1016/j.forsciint.2020.110576

Ministerio de Interior, S. de E. de S. G. de E. (2020). Memoria. Base de datos policial de identificadores obtenidos a partir de ADN. Catálogo de Publicaciones de La Administración General Del Estado.

Ministerio de Justicia, S. (2019). Guía para el Uso Forense del ADN (pp. 1–99). https://doi.org/051190716

Míriam Baeta, B. M.-J. (2016). Situación actual de las bases de datos de ADN en el ámbito forense: Nuevos avances , nuevas necesidades jurídicas Míriam Baeta Begoña Martínez-Jarreta. January 2009.

Moon, J. (5 de junio de 2019). Three Bear Brook Murder Victims Identified; Citizen Sleuth, Genetic Genealogy Provide Key Clues. *NHPR.*
https://www.nhpr.org/post/three-bear-brook-murder-victims-identified-citizen-sleuth-genetic-genealogy-provide-key-clues#stream/0

Moran, K. S. (2018). Damned by DNA — Balancing personal privacy with public safety. Forensic Science International, 292, e3-e4.
https://doi.org/10.1016/j.forsciint.2018.09.011

Murphy, E. (2018). Law and policy oversight of familial searches in recreational genealogy databases. Forensic Science International, 292, e5–e9. https://doi.org/10.1016/j.forsciint.2018.08.027

MyHeritage. (17 de diciembre de 2020). *Política de Privacidad de MyHeritage.*
https://www.myheritage.es/privacy-policy

Oficina Europea de Policía. (s.f.). www.europol.europa.eu Organización Internacional de Policía Criminal. (s.f.). www.interpol.int

Parabon Nanolabs. (s.f.). *Genealogía genética instantánea.*
https://snapshot.parabon- nanolabs.com/#genealogy

Phillips, C. (2018). The Golden State Killer investigation and the nascent field of forensic genealogy. Forensic Science International: Genetics, 36, 186–188. https://doi.org/10.1016/j.fsigen.2018.07.010

Pierce, B. A. (2016). Genética: Un enfoque conceptual (fifth ed). Panamericana.

Pita Fernández, S. y Pértegas Díaz, S. (2002). La investigación cuantitativa y cualitativa. Cadernos de Atención Primaria, 9, 76-78.

Plemel, E. (2019). Genetic Genealogy and its Use in Criminal Investigations: Are We Heading Towards a Universal Genetic Database? 15.

Purcell, S., Neale, B., Todd-Brown, K., Thomas, L., Ferreira, M. A. R., Bender, D., Maller, J., Sklar, P., De Bakker, P. I. W., Daly, M. J., & Sham, P. C. (2007). PLINK: A tool set for whole-genome association and population-based linkage analyses. American Journal of Human Genetics, 81(3), 559-575.
https://doi.org/10.1086/519795

Ram, N. (2019). Genetic privacy after Carpenter. 105 Va. Law Rev. (in the Press); 1-69. https://papers.ssrn.com/sol3/papers.cfm?abstract_ id=3265827

Ram, N., & Roberts, J. L. (2019). Forensic genealogy and the power of defaults. Nature Biotechnology, 37(7), 707-708.
https://doi.org/10.1038/s41587-019-0172-5

Ram, N., Guerrini, C. J., & Mcguire, A. L. (2019). Genealogy databases and the future of criminal investigation: the police can access your online family tree research - and use it to investigate your relatives. Science, 360(6393), 1078–1079. https://doi.org/10.1126/science.aau1083.Genealogy

Samuel, G., & Kennett, D. (2020a). Problematizing consent: searching genetic genealogy databases for law enforcement purposes. New Genetics and Society, 0(0), 1–21. https://doi.org/10.1080/14636778.2020.1843149

Samuel, G., & Kennett, D. (2020b). The impact of investigative genetic genealogy: perceptions of UK professional and public stakeholders. Forensic Science International: Genetics, 48(July), 102366.
https://doi.org/10.1016/j.fsigen.2020.102366

Sánchez-Meca, J. (2010). Cómo realizar una revisión sistemática y un meta-análisis. Child Abuse and Neglect, 38(2), 53-64.

Schneider, P. M., Prainsack, B., & Kayser, M. (2019). The use of forensic DNA phenotyping in predicting appearance and biogeographic ancestry. Deutsches Arzteblatt International, 116(51–52), 873-880.
https://doi.org/10.3238/arztebl.2019.0873

Schwab, A. P., Luu, H. S., Wang, J., & Park, J. Y. (2018). Genomic privacy. Clinical Chemistry, 64(12), 1696-1703.
https://doi.org/10.1373/clinchem.2018.289512

Scudder, N., McNevin, D., Kelty, S. F., Funk, C., Walsh, S. J., & Robertson, J. (2019). Policy and regulatory implications of the new frontier of forensic genomics: direct-to-consumer genetic data and genealogy records. Current Issues in Criminal Justice, 31(2), 194–216. https://doi.org/10.1080/10345329.2018.1560588

Shapiro, E. (7 de julio de 2019). "A new beginning": Man convicted of murder int he '90s exonerated thanks to genetic genealogy. *ABC News*.
https://abcnews.go.com/US/90s-christopher-tapp-convicted-rape-murder-today-set/story?id=64339196%5Cycid=click-source_4380645_null_card_image

Shapiro, E. (8 de enero de 2019). DJ admits to cold case murder after being linked through novel DNA technique, apologizes to victim's family in court. *ABC News*. https://abcnews.go.com/US/dj-admits-cold-case-murder-linked-dna- technique/story?id=60234009

Skeva, S., Larmuseau, M. H. D., & Shabani, M. (2020). Review of policies of companies and databases regarding access to customers' genealogy data for law enforcement purposes. Personalized Medicine, 17(2), 141-153.
https://doi.org/10.2217/pme-2019-0100

Syndercombe Court, D. (2018). Forensic genealogy: Some serious concerns. Forensic Science International: Genetics, 36, 203–204. https://doi.org/10.1016/j.fsigen.2018.07.011

Terry, S. F., & Caffet, M. (2020). Free at Last Discussing the Future of Forensic Genealogy. Genetic Testing and Molecular Biomarkers, 24(4), 171–172. https://doi.org/10.1089/gtmb.2020.29051.sjt

Tëtushkin, E. Y. (2011). Genetic genealogy: History and methodology. Russian Journal of Genetics, 47(5), 581-596.
https://doi.org/10.1134/S1022795411040132

Thomson, J., Clayton, T., Cleary, J., Gleeson, M., Kennett, D., Leonard, M., & Rutherford, - an experimental assessment. Forensic Science International: Genetics Supplement Series, 7(1), 765-767.
https://doi.org/10.1016/j.fsigss.2019.10.169

Thomson, J., Clayton, T., Cleary, J., Gleeson, M., Kennett, D., Leonard, M., & Rutherford, D. (2020). An empirical investigation into the effectiveness of genetic genealogy to identify individuals in the UK. Forensic Science International: Genetics, 46 (November 2019), 102263.
https://doi.org/10.1016/j.fsigen.2020.102263

Tillmar, A., Sjölund, P., Lundqvist, B., Klippmark, T., Älgenäs, C., & Green, H. (2020). Whole-genome sequencing of human remains to enable genealogy DNA database searches – A case report. Forensic Science International: Genetics, 46(December 2019), 102233.
https://doi.org/10.1016/j.fsigen.2020.102233

Wickenheiser, R. A. (2019). Forensic genealogy, bioethics and the Golden State Killer case. Forensic Science International: Synergy, 1, 114–125. https://doi.org/10.1016/j.fsisyn.2019.07.003

Williams, R. (2005). Forensic DNA databasing: a European perspective. The Welcome Trust, Interim Report. http://www.dur.ac.uk/resources/sass/WilliamsandJohnsonInterimReport2005- 1.pdf

COLECCIÓN ESTUDIOS DE CRIMINOLOGÍA Y POLÍTICA CRIMINAL

DIRIGIDA POR ALFONSO SERRANO MAÍLLO

INTRODUCCIÓN A LA CRIMINOLOGÍA
SERRANO MAÍLLO, A.
6.ª ed. ***2009.***

DERECHO PENAL Y SOLIDARIDAD. Teoría y práctica del mandato penal de socorro
VARONA GÓMEZ, D.
2005.

DERECHO PENAL JUVENIL EUROPEO
VÁZQUEZ GONZÁLEZ, C.
2005.

DELINCUENCIA DE MENORES. TRATAMIENTO CRIMINOLÓGICO Y JURÍDICO
HERRERO HERRERO, C.
2.ª ed. ***2008.***

DERECHO PENAL JUVENIL
VÁZQUEZ GONZÁLEZ, C. Y SERRANO TÁRRAGA, M.ª D. (Editores)
2.ª ed. ***2007.***

EL ENEMIGO EN EL DERECHO PENAL
ZAFFARONI, E. R.
2007.

POLÍTICA CRIMINAL INTEGRADORA
HERRERO HERRERO, C.
2007.

HISTORIA DE LA CRIMINOLOGÍA EN ESPAÑA
SERRANO GÓMEZ, A.
2007.

ESTUDIOS DE HISTORIA DE LAS CIENCIAS CRIMINALES EN ESPAÑA
ALVARADO PLANAS, J. Y SERRANO MAÍLLO, A. (Editores)
2007.

LA MEDICIÓN DEL DELITO EN LA SEGURIDAD PÚBLICA
FERNÁNDEZ VILLAZALA, T.
2008.

TEMAS DE CRIMINOLOGÍA
AEBI, M. F.
2008.

INTERSECCIONES TEÓRICAS EN CRIMINOLOGÍA. ACCIÓN, ELECCIÓN RACIONAL Y TEORÍA ETIOLÓGICA
SERRANO MAÍLLO, A. (Editor)
2008.

NOCIONES DE PREVENCIÓN DEL DELITO Y TRATAMIENTO DE LA DELINCUENCIA
BUENO ARÚS, F.
2008.

TUTELA PENAL AMBIENTAL
SERRANO TÁRRAGA, M.ª D.; SERRANO MAÍLLO, A.; VÁZQUEZ GONZÁLEZ, C.
3.ª ed. ***2017.***

AUTOEFICACIA Y DELINCUENCIA
GARRIDO MARTÍN, E.; MASIP PALLEJÁ, J.; HERRERO ALONSO, C.
2009.

OPORTUNIDAD Y DELITO
SERRANO MAÍLLO, A.
2009.

PUNITIVIDAD Y VICTIMACIÓN EN LA EXPERIENCIA CONTEMPORÁNEA. ESTUDIOS
KURY, H. Y SERRANO MAÍLLO, A. (Editores)
2009.

LA DIGNIDAD DE LAS MACROVÍCTIMAS TRANSFORMA LA JUSTICIA Y LA CONVIVENCIA (IN TENEBRIS, LUX)
BERISTAIN IPIÑA, ANTONIO
2010.

INDUSTRIA Y CONTAMINACIÓN MEDIOAMBIENTAL. UN ESTUDIO COMPARATIVO DE LA PERCEPCIÓN DEL RIESGO EN COLOMBIA Y EN ESPAÑA
MARÍA FERNANDA REALPE QUINTERO
2010.

INMIGRACIÓN, DIVERSIDAD Y CONFLICTO CULTURAL
CARLOS VÁZQUEZ GONZÁLEZ
2010.

GENERACIÓN YIHAD. LA RADICALIZACIÓN ISLAMISTA DE LOS JÓVENES MUSULMANES EN EUROPA
MIGUEL ÁNGEL CANO PAÑOS
2010.

EL PROBLEMA DE LAS CONTINGENCIAS EN LA TEORÍA DEL AUTOCONTROL. UN TEST DE LA TEORÍA GENERAL DEL DELITO
ALFONSO SERRANO MAÍLLO
2.ª ed. ***2013.***

FENOMENOLOGÍA CRIMINAL Y CRIMINOLOGÍA COMPARADA
CÉSAR HERRERO HERRERO
2011.

CRIMINOLOGÍA COMPARADA: ESTUDIOS DE CASO SOBRE DELINCUENCIA, CONTROL SOCIAL Y MORALIDAD
CHRISTOPHER BIRKBECK
2012.

TEORÍA SOCIAL, MARGINALIDAD URBANA Y ESTADO PENAL. Aproximaciones al trabajo de Loïc Wacquant
IGNACIO GONZÁLEZ SÁNCHEZ
2012.

RÉGIMEN PENITENCIARIO DE LOS TERRORISTAS EN ESPAÑA: LA PRISIÓN COMO ARMA PARA COMBATIR A ETA
MIGUEL ÁNGEL CANO PAÑOS
2012.

TRATADO DE CRIMINOLOGÍA CLÍNICA
HERRERO HERRERO, C.
2013.

LA GENERALIDAD DE LA TEORÍA DEL AUTOCONTROL. Una primera extensión de la teoría general del delito a los países de habla hispana
SERRANO MAÍLLO, A. Y BIRKBECK, C. H. (Editores)
2013.

EL ROL DE LA CRIMINOLOGÍA PARA LA SEGURIDAD EN LA SOCIEDAD CONTEMPORÁNEA.
SERRANO TÁRRAGA, M.ª D.
2014.

EL GOBIERNO DE LA PENALIDAD. La complejidad de la Política criminal contemporánea.
BRANDARIZ GARCÍA, J. A.
2014.

LA MORALIDAD HISTORIADA: EL MELODRAMA DE LA CRIMINALIDAD EN LAS AMÉRICAS
BIRKBECK, C. H.
2014.

CRIMINALIDAD ORGANIZADA. Aspectos jurídicos y criminológicos.
JULIÁN LÓPEZ-MUÑOZ
2015.

HACIA UN DERECHO PENAL EQUILIBRADO. Plataforma razonable de política criminal.
CÉSAR HERRERO HERRERO
2015.

TUPAMAROS: DERROTA MILITAR, METAMORFOSIS POLÍTICA Y VICTORIA ELECTORAL
JULIO BORDAS MARTÍNEZ
2015.

EL MODELO GERENCIAL-ACTUARIAL DE PENALIDAD. Eficiencia, riesgo y sistema penal
JOSÉ ÁNGEL BRANDARIZ GARCÍA
2016.

CRIMINOLOGÍA. Parte General y Especial
CÉSAR HERRERO HERRERO
4.ª ed. ***2017.***

FIRMEZA FRENTE AL DELITO Y COMUNIDAD EN LA MODERNIDAD REFLEXIVA. La tesis extendida de los sentimientos de inseguridad como teoría del control social
ALFONSO SERRANO MAÍLLO
2017.

TEORÍA CRIMINOLÓGICA. La explicación del delito en la sociedad contemporánea. 2.ª Edición
ALFONSO SERRANO MAÍLLO
2021.

ANOMIA, COHESIÓN SOCIAL Y MORALIDAD. Cien años de tradición durkheimiana en Criminología.
IGNACIO GONZÁLEZ SÁNCHEZ Y ALFONSO SERRANO MAÍLLO
2018.

PATRONES Y PROCESOS DELICTIVOS. La naturaleza y características del delito en la sociedad contemporánea.
ALFONSO SERRANO MAÍLLO
2019.

UNA INTRODUCCIÓN CRIMINOLÓGICA A LA MEDICINA LEGAL Y FORENSE.
ALFONSO SERRANO MAÍLLO Y JOSÉ ANTONIO SÁNCHEZ SÁNCHEZ (Editores)
2020.

AGRESIONES SEXUALES COMETIDAS POR DESCONOCIDOS. Una investigación empírica.
HERIBERTO JANOSCH GONZÁLEZ
2020.

EL RESURGIMIENTO DE LA CRIMINOLOGÍA CIENTÍFICA EN AMÉRICA LATINA. Estudios en homenaje al profesor Ayar Chaparro Guerra con motivo de su 75.º cumpleaños (11.4.2020)
ALFONSO SERRANO MAÍLLO Y JOSÉ LUIS GUZMÁN DALBORA (EDITORES)
2020.

NUEVOS MODELOS DE GOBERNANZA EN EL ÁMBITO LOCAL. Un estudio de caso desde la criminología
JORDI ORTIZ GARCÍA
2021.

CRIMINALIDAD JUVENIL FEMENINA Y PERSPECTIVA DE GÉNERO: HISTORIA, TEORÍA, FACTORES DE RIESGO, PREVENCIÓN Y TRATAMIENTO

SERGIO CÁMARA ARROYO

2022.

LA GENEALOGÍA FORENSE COMO HERRAMIENTA EMERGENTE DE INVESTIGACIÓN CRIMINAL EN ESPAÑA

BEATRIZ RODRÍGUEZ ARCAS

2022.

GRACIAS POR CONFIAR EN NUESTRAS PUBLICACIONES

Al comprar este libro le damos la posibilidad
de consultar gratuitamente la versión ebook.

Cómo acceder al ebook:

- **Entre en nuestra página web,** sección Acceso ebook (www.dykinson.com/acceso_ebook)
- **Rellene el formulario** que encontrará insertando el código de acceso que le facilitamos a continuación así como los datos con los que quiere consultar el libro en el futuro (correo electrónico y contraseña de acceso).
- Si ya es **cliente registrado**, deberá introducir su **correo electrónico y contraseña habitual**.
- Una vez registrado, **acceda a la sección Mis e-books de su cuenta de cliente**, donde encontrará la versión electrónica de esta obra ya desbloqueada para su uso.
- Para consultar el libro en el futuro, ya sólo es necesario que se identifique en nuestra web con su correo electrónico y su contraseña, y que se dirija a la sección Mis ebooks de su cuenta de cliente.

CÓDIGO DE ACCESO

DYK069665

[redacted]

Rasque para ver el código

Nota importante: Sólo está permitido el uso individual y privado de este código de acceso. Está prohibida la puesta a disposición de esta obra a una comunidad de usuarios.

MANTÉNGASE INFORMADO
DE LAS NUEVAS PUBLICACIONES

Suscríbase gratis
al boletín informativo
www.dykinson.com

Y benefíciese de nuestras ofertas semanales